U0566829

“十三五”国家重点图书出版规划项目

列国志

GUIDE TO
THE WORLD
NATIONS
新版

李光斌　梁燕玲
编著

QATAR

卡塔尔

社会科学文献出版社
SOCIAL SCIENCES ACADEMIC PRESS (CHINA)

巴林 卡塔尔
BAHRAIN QATAR

东经E52°
26°
52°
宰赫兰 Az Zahrān
胡拜尔
穆哈拉格
Al Muharraq
麦纳麦
AL MANAMAH
锡特拉
阿瓦利
'Awālī
辛拉格
鲁迈萨
巴 林
BAHRAIN
祖巴拉
考古遗址
胡韦尔
Al Khuwayr
鲁韦斯
富韦里特
Al Fuwayrit
鲁拜盖
古韦里耶
侯韦莱
波 斯 湾
Persian G.
巴 林 湾
努盖阿
海瓦尔群岛
欧盖尔
比尔宰克里特
塞 勒 瓦 湾
杰迈利耶
Al Jamalīyah
宰基拉
豪尔
Al Khawr
塞迈斯迈
武赛勒
卡塔尔
QATAR
杜汉
Dukhān
赖扬
Ar Rayyān
多哈
AD DAWHAH
乌姆巴
乌姆祖拜尔
沃克拉
Al Wakrah
卡塔尔半岛
Qatar Pen.
古韦里
基拉奈
Al Kir'ānah
乌姆赛义德
Umm Sa'id
海赖拉
朱赫
特雷纳花园
沙特阿拉伯
SAUDI ARABIA
塞勒瓦
Salwah
贾富拉沙漠
锡凯克
欧代德
盖法伊岛
阿拉伯联合酋长国
UNITED ARAB EMIRATES
尼巴克

卡塔尔国旗

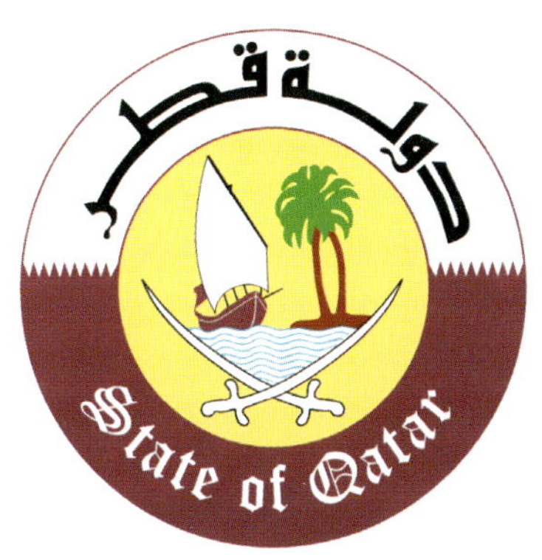

卡塔尔国徽

伊斯兰艺术博物馆（李宝恒　摄）

国家大清真寺的大门（杨小蕊　摄）

国家大清真寺（杨小蕊　摄）

卡塔拉文化村（李宝恒　摄）

卡塔拉文化村露天剧场（李宝恒　摄）

卡塔尔传统服装
（世园会卡塔尔馆　提供）

卡塔尔传统手工艺（世园会卡塔尔馆　提供）

瓦其夫市场（杨小蕊　摄）

海滨大道的日出（李宝恒　摄）

多哈西湾的喜来登酒店（李宝恒　摄）

多哈西湾夜景（李宝恒　摄）

教育城（卡塔尔驻华大使馆　提供）

卡塔尔大学（卡塔尔驻华大使馆　提供）

哈马德·本·哈利法大学（卡塔尔驻华大使馆　提供）

『沙漠内海』风光（李宝恒　摄）

『沙漠内海』冲沙（李宝恒　摄）

2022 年世界杯场馆之一——鲁塞尔体育场（模型）（卡塔尔驻华大使馆　提供）

维拉吉奥购物中心（李宝恒　摄）

珍珠岛上的建筑（李宝恒　摄）

出版说明

《列国志》编撰出版工作自1999年正式启动，截至目前，已出版144卷，涵盖世界五大洲163个国家和国际组织，成为中国出版史上第一套百科全书式的大型国际知识参考书。该套丛书自出版以来，受到社会各界的广泛好评，被誉为“21世纪的《海国图志》”，中国人了解外部世界的全景式“窗口”。

这项凝聚着近千学人、出版人心血与期盼的工程，前后历时十多年，作为此项工作的组织实施者，我们为这皇皇144卷《列国志》的出版深感欣慰。与此同时，我们也深刻认识到当今国际形势风云变幻，国家发展日新月异，人们了解世界各国最新动态的需要也更为迫切。鉴于此，为使《列国志》丛书能够不断补充最新资料，更好地服务于社会各界，我们决定启动新版《列国志》编撰出版工作。

与已出版的144卷《列国志》相比，新版《列国志》无论是形式还是内容都有新的调整。国际组织卷次将单独作为一个系列编撰出版，原来合并出版的国家将独立成书，而之前尚未出版的国家都将增补齐全。新版《列国志》的封面设计、版面设计更加新颖，力求带给读者更好的阅读享受。内容上的调整主要体现在数据的更新、最新情况的增补以及章节设置的变化等方面，目的在于进一步加强该套丛书将基础研究和应用对策研究相结合，将基础研究成果应用于实践的特色。例如，增加了各国有关资源开发、环境治理的内容；特设“社会”一章，介绍各国的国民生活情况、社会管理经验以及存在的社会问题，等等；增设“大事纪年”，方便读者在短时间内熟悉各国的发展线索；增设“索引”，便于读者根据人名、地名、关键词查找所需相关信息。

顺应时代发展的要求，新版《列国志》将以纸质书为基础，全面整合国别国际问题研究资源，构建列国志数据库。这是《列国志》在新时期发展的一个重大突破，由此形成的国别国际问题研究与知识服务平台，必将更好地服务于中央和地方政府部门应对日益繁杂的国际事务的决策需要，促进国别国际问题研究领域的学术交流，拓宽中国民众的国际视野。

新版《列国志》的编撰出版工作得到了各方的支持：国家主管部门高度重视，将其列入“‘十二五’国家重点图书出版规划项目”；中国社会科学院将其列为创新工程学术出版资助项目，王伟光院长亲自担任编辑委员会主任，指导相关工作的开展；国内各高校和研究机构鼎力相助，国别国际问题研究领域的知名学者相继加入编辑委员会，提供优质的学术指导。相信在各方的通力合作之下，新版《列国志》必将更上一层楼，以崭新的面貌呈现给读者，在中国改革开放的新征程中更好地发挥其作为“知识向导”、“资政参考”和“文化桥梁”的作用！

新版《列国志》编辑委员会

2013 年 9 月

前言

自1840年前后中国被迫开关、步入世界以来，对外国舆地政情的了解即应时而起。还在第一次鸦片战争期间，受林则徐之托，1842年魏源编辑刊刻了近代中国首部介绍当时世界主要国家舆地政情的大型志书《海国图志》。林、魏之目的是为长期生活在闭关锁国之中、对外部世界知之甚少的国人"睁眼看世界"，提供一部基本的参考资料，尤其是让当时中国的各级统治者知道"天朝上国"之外的天地，学习西方的科学技术，"师夷之长技以制夷"。这部著作，在当时乃至其后相当长一段时间内，产生过巨大影响，对国人了解外部世界起到了积极的作用。

自那时起中国认识世界、融入世界的步伐就再也没有停止过。中华人民共和国成立以后，尤其是1978年改革开放以来，中国更以主动的自信自强的积极姿态，加速融入世界的步伐。与之相适应，不同时期先后出版过相当数量的不同层次的有关国际问题、列国政情、异域风俗等方面的著作，数量之多，可谓汗牛充栋。它们对时人了解外部世界起到了积极的作用。

当今世界，资本与现代科技正以前所未有的速度与广度在国际流动和传播，"全球化"浪潮席卷世界各地，极大地影响着世界历史进程，对中国的发展也产生了极其深刻的影响。面临不同以往的"大变局"，中国已经并将继续以更开放的姿态、更快的步伐全面步入世界，迎接时代的挑战。不同的是，我们所面临的已不是林则徐、魏源时代要不要“睁眼看世界”、要不要“开放”的问题，而是在新的历史条件下，在新的世界发展大势下，如何更好地步入世界，如何在融入世界的进程中更好地维护民族国家的主权与独立，积极参与国际事务，为维护世界和平，促进世界与人类共同发展做出贡献。这就要求我们对外部世界有比以往更深切、全面的了解，我们只有更全面、更深入地了解世界，才能在更高的层次上融入世界，也才能在融入世界的进程中不迷失方向，保持自我。

与此时代要求相比，已有的种种有关介绍、论述各国史地政情的著述，无论就规模还是内容来看，已远远不能适应我们了解外部世界的要求。人们期盼有更新、更系统、更权威的著作问世。

中国社会科学院作为国家哲学社会科学的最高研究机构和国际问题综合研究中心，有 11 个专门研究国际问题和外国问题的研究所，学科门类齐全，研究力量雄厚，有能力也有责任担当这一重任。早在 20 世纪 90 年代初，中国社会科学院的领导和中国社会科学出版社就提出编撰“简明国际百科全书”的设想。1993 年 3 月 11 日，时任中国社会科学院院长的胡绳先生在科研局的一份报告上批示：“我想，国际片各所可考虑出一套列国志，体例类似几年前出的《简明中国百科全书》，以一国（美、日、英、法等）或几个国家（北欧各国、印支各国）为一册，请考虑可行否。”

中国社会科学院科研局根据胡绳院长的批示，在调查研究的基础上，于 1994 年 2 月 28 日发出《关于编纂〈简明国际百科全书〉和〈列国志〉立项的通报》。《列国志》和《简明国际百科全书》一起被列为中国社会科学院重点项目。按照当时的计划，首先编写《简明国际百科全书》，待这一项目完成后，再着手编写《列国志》。

1998 年，率先完成《简明国际百科全书》有关卷编写任务的研究所开始了《列国志》的编写工作。随后，其他研究所也陆续启动这一项目。为了保证《列国志》这套大型丛书的高质量，科研局和社会科学文献出版社于 1999 年 1 月 27 日召开国际学科片各研究所及世界历史研究所负责人会议，讨论了这套大型丛书的编写大纲及基本要求。根据会议精神，科研局随后印发了《关于〈列国志〉编写工作有关事项的通知》，陆续为启动项目拨付研究经费。

为了加强对《列国志》项目编撰出版工作的组织协调，根据时任中国社会科学院院长的李铁映同志的提议，2002 年 8 月，成立了由分管国际学科片的陈佳贵副院长为主任的《列国志》编辑委员会。编委会成员包括国际片各研究所、科研局、研究生院及社会科学文献出版社等部门的主要领导及有关同志。科研局和社会科学文献出版社组成《列国志》项目工作组，社会科学文献出版社成立了《列国志》工作室。同年，《列国志》项目被批准为中国社会科学院重大课题，新闻出版总署将《列国志》项目列入国家重点图书出版计划。

在《列国志》编辑委员会的领导下，《列国志》各承担单位尤其是各位学者加快了编撰进度。作为一项大型研究项目和大型丛书，编委会对《列国志》提出的基本要求是：资料翔实、准确、最新，文笔流畅，学术性和可读性兼备。《列国志》之所以强调学术性，是因为这套丛书不是一般的“手册”“概览”，而是在尽可能吸收前人成果的基础上，体现专家学者们的研究所得和个人见解。正因为如此，《列国志》在强调基本要求的同时，本着文责自负的原则，没有对各卷的具体内容及学术观点强行统一。应当指出，参加这一浩繁工程的，除了中国社会科学院的专业科研人员以外，还有院外的一些在该领域颇有研究的专家学者。

现在凝聚着数百位专家学者心血，共计141卷，涵盖了当今世界151个国家和地区以及数十个主要国际组织的《列国志》丛书，将陆续出版与广大读者见面。我们希望这样一套大型丛书，能为各级干部了解、认识当代世界各国及主要国际组织的情况，了解世界发展趋势，把握时代发展脉络，提供有益的帮助；希望它能成为我国外交外事工作者、国际经贸企业及日渐增多的广大出国公民和旅游者走向世界的忠实“向导”，引领其步入更广阔的世界；希望它在帮助中国人民认识世界的同时，也能够架起世界各国人民认识中国的一座“桥梁”，一座中国走向世界、世界走向中国的“桥梁”。

《列国志》编辑委员会

2003年6月

序　言

卡塔尔地处海湾心脏地带，地理位置优越，古代陆上丝绸之路和海上丝绸之路在此交会。在航空业高度发达的今天，从卡塔尔首都多哈出发3小时内即可抵达中东任何地区，6小时内便可抵达欧洲、亚洲或非洲的主要中心城市。有史料表明，郑和的船队曾经光顾这片浩瀚的水域。中国的陶瓷、茶叶和丝绸辗转千里运到卡塔尔，海湾的珍珠也通过丝绸之路来到古老的东方。20世纪50年代末，中卡两国开始建立起贸易联系。1988年正式建交后，两国关系发展顺利，高层互访频繁，民间交往也日益增多。卡塔尔是较早与中国签署"一带一路"合作谅解备忘录、较早成为亚洲基础设施投资银行创始成员国的阿拉伯国家之一，也是中东地区唯一一个与我国央行签署货币互换协议并拥有人民币清算中心的国家。

卡塔尔国土面积11521平方公里，卡塔尔发展规划与统计部发布的数据显示，2018年4月，卡塔尔的人口总数超过270万。卡塔尔面积不大，但拥有丰富的石油和天然气资源，已探明石油储量世界排名第13位，天然气储量世界排名第3位，是世界上第一大液化天然气生产和出口国。卡塔尔独立后，利用石油和天然气带来的巨额收益，短短几十年内完成了从贫穷落后到现代化的蜕变，对内实行高福利政策，公民不用缴税，还享受免费教育和免费医疗；对外通过媒体、体育、地区事务斡旋和外交政策等手段，竭力打造民主和开放的国家形象，国家软实力得到显著提升，引起了国际社会的广泛关注，被誉为“小国大外交”的典范。

20世纪70年代初，本书作者之一李光斌曾根据上级领导的要求，多方查阅资料，撰写了一部《卡塔尔国概况》；后又应新华社之约，为其出版的《万国博览·亚洲卷》撰写了《卡塔尔国》一文。如今，世界形势和地区形势都发生了翻天覆地的变化，卡塔尔也从一个名不见经传的海湾小国一跃成为全世界最富有的国家之一，在地区和国际舞台上的影响力日益增强。卡塔尔是中国投资进入海湾地区的重要门户之一，也被视为中国与中东地区小国共建“一带一路”的范本。

2014年，卡塔尔国埃米尔塔米姆·本·哈马德·阿勒萨尼应习近平主席邀请对中国进行了国事访问，两国元首宣布建立战略伙伴关系，成为中卡关系史上的重要里程碑。2019年，应习近平主席邀请，塔米姆埃米尔时隔4年多再次访华，两国元首一致同意，深化相互尊重、平等互利、共同发展的中卡战略伙伴关系，中卡关系进入快速发展轨道。

2010年，卡塔尔获得2022年第22届世界杯举办权。这是世界杯首次在中东国家境内举行，也是继2002年韩日世界杯之后第二次在亚洲举行的世界杯，还是首次在冬季举行的世界杯。虽然申办过程饱受争议，承办能力也饱受质疑，但卡塔尔立志要办一届史上最有特色的世界杯，让去参赛的球员和去观战的球迷永生难忘。为了保证这一重大国际体育赛事的成功举办，卡塔尔宣布投入2000亿美元进行机场、港口、体育场馆、饭店、道路等各种基础设施的建设。

正当卡塔尔举全国之力筹办世界杯的时候，2017年6月5

日，沙特、阿联酋、巴林和埃及宣布与卡塔尔断交，引发了“断交风波”。

卡塔尔为何频频吸引世人的眼球？这究竟是一个什么样的国家？有着什么样的历史？眼下正在经历什么样的遭遇？明天又会发生什么样的变化？

随着中国和卡塔尔互免签证协定的生效，中卡两国人员交流比以往更加便捷和频繁。近年来，中卡两国各领域友好合作关系发展顺利，越来越多的中国企业将目光投向了卡塔尔，越来越多的民众希望了解卡塔尔，走进卡塔尔。习近平主席在会见卡塔尔埃米尔塔米姆时表示，要进一步密切两国的人文交流，推动旅游、文化、体育和媒体合作，特别是相互支持、共同办好2022年分别在中国和卡塔尔举行的冬奥会和世界杯这两大体育盛会。

鉴于上述情况，重新编著一部介绍卡塔尔情况的书，不仅是中卡两国关系发展的需要，更是积极推动“一带一路”建设的需要，具有深远的历史意义和重大的现实意义。

CONTENTS

目录

CONTENTS

目录

CONTENTS

目录

CONTENTS

目录

CONTENTS
目录

CONTENTS
目录

CONTENTS

目录

目 录

第一章

概　　览

第一节　国土与人口

一　国土

卡塔尔国（The State of Qatar），简称“卡塔尔”。位于亚洲西南部，是一个半岛国家，地处阿拉伯湾（又称海湾、波斯湾）西海岸的中部。国土东、北、西三面被阿拉伯湾环绕，南部疆域与沙特阿拉伯王国接壤，与巴林王国、阿拉伯联合酋长国和伊朗伊斯兰共和国隔海相望。

卡塔尔位于北纬24°27′至26°10′，东经50°45′至51°40′。卡塔尔属于东三时区，比格林尼治时间早3个小时，比北京时间晚5个小时。卡塔尔不实行夏时制。

卡塔尔国土面积为11521平方公里，疆域最宽处约100公里，长约200公里，海岸线全长563公里。面积较大的岛屿有哈鲁尔岛（Halul）、谢拉欧岛（Shira’aw）、阿斯哈特岛（Iskhat）等。

二　行政区划

卡塔尔行政区划分为市政区（Municipalities）和市（city）两级。卡塔尔全国共设8个市政区，市政区由市政环境部管辖，市由市政区管辖。市政区一般下设六个部门：市政主任办公室、客户服务部、技术部、综合服务部、市政监督部和公共事务部。除了以上六个部门外，有的市政区还设有房地产租赁合同登记办公室和非卡塔尔国籍公民房产及居住地登记办公室。

表 1-1　卡塔尔市政区划

市政区名称	设立时间
多哈(Doha)	设立于 1963 年,是卡塔尔最早设立的市政区
赖扬(Al Rayyan)	设立于 1972 年
乌姆锡拉勒(Umm Slal)	
豪尔和扎赫拉(Al Khor & Dhekra)	
沃克拉(Al Wakrah)	
北部区(Al Shamal)	
兆阿茵(Al Daayen)	设立于 2004 年
谢哈尼亚(Al Sheenhaniya)	设立于 2014 年,原属赖扬市政区,是设立时间最短的市政区

资料来源：卡塔尔市政环境部官网，http：//www.mme.gov.qa。

卡塔尔主要城市有多哈市、梅赛义德市、豪尔市、杜汉市、鲁韦斯市、沃克拉市、北部市、拉斯拉凡市。

1. 多哈市

多哈市（Doha），卡塔尔的首都，面积 132 平方公里，位于卡塔尔半岛东海岸中部，是卡塔尔第一大城市，也是全国政治、经济、金融、交通、旅游和科技文化中心。卡塔尔全国总人口约 40% 集中在这里。

多哈市始建于 19 世纪 20 年代，1971 年卡塔尔取得独立后被正式宣布为首都。

“多哈”一词在阿拉伯语中的意思是圆形海湾。直到 19 世纪，多哈仍然是一个小村庄。19 世纪下半叶，贾西姆·本·穆罕默德·本·萨尼掌管卡塔尔政权后，多哈渐渐发展为卡塔尔的政治中心。

多哈最早是渔港，20 世纪 70 年代初，还处于古旧、荒凉的状态，后来随着卡塔尔石油和天然气的开发，这座城市渐露锋芒，成为卡塔尔发展最快的城市。在政治、经济、媒体和体育等诸多领域，多哈被视为最重要、最活跃和最有影响力的阿拉伯国家首都之一。随着卡塔尔经济的繁荣和发展，多哈已成为举世瞩目的国际会议目的地（每年举办约 90 次国际会议）以及一些重要体育活动和锦标赛的主办城市，曾被“全球化和世界城市研究网络”（the Globalization and World Cities Research Network）评为“国际化都市”。2015 年 5 月，多哈和维甘、拉巴斯、德班、哈瓦那、贝鲁特、吉隆坡一起被评为“世界新七大奇观城市”，且位居第二。

多哈作为“一带一路”沿线的重要交通枢纽，海陆空交通四通八达，拥有现代化的哈马德国际机场和大型的公路、隧道和桥梁网络，以及与科威特港、迪拜港、沙迦港等海湾著名港口齐名的多哈港。

作为全国的文化和旅游中心，多哈市内的瓦其夫市场、伊斯兰艺术博物馆、卡塔拉文化村和教育城等都是游人必到之地。

多哈市内街道宽阔，其中海滨大道（Corniche）是卡塔尔全国最漂亮的街区，也是中东地区最漂亮的滨海大道之一。这条街道总长约 7 公里，是多哈市民主要的休闲和健身之地。街区种有绿茵茵的草坪，还有常年盛开的鲜花和高大的椰枣树。街区中部有一座较大的街心公园——贝达公园，里面有多处反映海湾阿拉伯国家传统习俗的艺术雕塑，这里经常举行大型的露天庆典活动。埃米尔宫坐落在海滨大道一侧，卡塔尔外交部、经贸部、财政部、内政部和中央银行等重要机构均沿大道而建。最引人注目的是位于西湾（West Bay）的喜来登酒店——它已经成为卡塔尔宣传片中的标志性建筑，当年中国代表团就是在这座酒店签订了加入世界贸易组织的协定。

卡塔尔赢得 2022 年世界杯足球赛举办权之后，多哈已经变成一个巨大而充满活力的建筑工地，基础设施和大型体育设施建设正在紧锣密鼓地进行。届时，多哈市将以一个全新的面貌接待来自世界各地的游客。

2. 梅赛义德市（Mesaieed）

梅赛义德市位于卡塔尔东南部，隶属沃克拉市政区，距多哈约 45 公里，常住人口约 3 万人。由于拥有迷人的优质沙滩，梅赛义德已经成为卡塔尔最重要的旅游城市之一，海边建有高档度假村和海景小屋，娱乐设施齐全。

在1949年之前，梅赛义德还是一个荒无人烟的地方。卡塔尔石油公司1949年在这里建了一个简易的油轮码头，后来这里发展为卡塔尔重要的石油出口基地和重工业基地。梅赛义德有两个港口，一个专门用于开展商贸活动，一个专门用于出口石油。

卡塔尔最早建立的工业区就在梅赛义德，卡塔尔石油（Qatar Petroleum）、卡塔尔炼油厂（QP Refinery）、卡塔尔润滑油公司（Qatar Lubricants Co.）、卡塔尔化肥公司（QAFCO）、卡塔尔燃料添加剂公司（QAFAC）、卡塔尔石化公司（QAPCO）、卡塔尔钢铁公司（Qatar Steel）、卡塔尔乙烯基公司（QVC）、卡塔尔化工有限公司（Q-Chem）、卡塔尔铝业公司（Qatalum）等大型企业都集中于此，形成了卡塔尔的工业核心。同时，梅赛义德也是中东地区最大的工业区和港口之一。

3. 豪尔市（Al Khor）

豪尔市位于卡塔尔东北海岸，距多哈75公里，也是卡塔尔主要城市之一。豪尔在阿拉伯语中是海湾的意思，豪尔湾是卡塔尔最大的海湾之一。

20世纪40年代初，豪尔只是一个港口和珍珠捕捞中心，现在这个城市的新兴工业已逐步取代了传统工业，但渔业依然是豪尔的主要产业。邻近的拉斯拉凡市设立后专门负责开发北部气田，豪尔的重要性更是日益凸显。

旅游是豪尔的新兴产业，由宫殿改造而成的苏尔坦（Al-Sultan）海滩酒店及度假村闻名遐迩。

4. 杜汉市（Dukhan）

杜汉市位于卡塔尔西海岸，距多哈84公里，是卡塔尔陆上石油的主要生产基地。

杜汉市在卡塔尔历史上扮演着很重要的角色。杜汉市是卡塔尔的首个石油开采点，1937年卡塔尔的第一口油井在这里开钻。最初，杜汉市是作为卡塔尔石油公司的一个营地而建造的。第二次世界大战期间，这里的石油勘探工作被迫暂停，直到“二战”结束后才得以恢复。1949 年 12 月 31 日，杜汉市终于出口了第一桶石油。1954 年，油田的开发工作全部完成。1958 年，随着杜汉发电厂正式投入运营，杜汉市进入了一个新的发展阶段。

杜汉市由卡塔尔国家石油公司——卡塔尔石油公司直接管理，进入杜汉市需要出示卡塔尔石油公司颁发的特别许可证。

5. 鲁韦斯市

鲁韦斯市（Al Ruwais）位于卡塔尔最北端，距多哈 120 公里，是卡塔尔著名的港口城市，也是卡塔尔最古老的城市之一，其历史可追溯至公元 1650～1700 年。最早在这里定居的是萨达部落，如今鲁韦斯市的大多数居民是这个部落的后裔。

历史上，这里的居民主要靠采集珍珠、捕鱼和贸易为生。鲁韦斯古堡和清真寺历史悠久，经多次修缮，现已成为该市的主要旅游景点。这里气候适中，夏季最高气温不超过 40℃，比多哈低 10℃左右。南部和西南部分布着很多淡水井和泉眼，可为当地居民提供饮用水。

2006 年，第 15 届多哈亚运会的火炬在巴林传递完后经海上回到卡塔尔，鲁韦斯市就是迎接亚运会火炬回归的地方。

6. 沃克拉市（Al Wakra）

沃克拉市是沃克拉市政区的首府，位于多哈和梅赛义德之间，曾经是一个以捕鱼和潜水采珠闻名的小村庄。如今这个沿海小城市的经济以商业和渔业为主，渔船港口、博物馆、清真寺和具有伊斯兰特色的传统民居都是吸引游客的地方。

历史上沃克拉市的发展与海洋息息相关，鉴于海洋在其发展史上所起到的重要作用，2022 年卡塔尔世界杯的场馆之一——沃克拉体育场的设计就是主打海洋元素，以此来纪念这个城市的渔业发展史。

7. 北部市（North City）

北部市位于卡塔尔国土的北部，距多哈 107 公里，是卡塔尔北部沿海村庄的行政中心。

北部市是卡塔尔人口最少的城市，传统产业也是渔业。著名的旅游景点艾祖巴拉位于该市西部的一个小镇，历史上曾是卡塔尔最大和最重要的定居点。北部市发现石油后，市里的大部分人迁往首都多哈市生活。

8. 拉斯拉凡市（Ras Laffan）

拉斯拉凡市位于卡塔尔东北部，距多哈约 80 公里，是卡塔尔的另一个重要工业城市，号称“天然气之都”。世界上最大的非伴生性气田（non associated gas field）——北方气田就位于距拉斯拉凡东北 80 公里的海面之下。覆盖北方气田的水域约 6000 平方公里（其中 40% 属于卡塔尔，60% 属于伊朗），水深在 15 米到 70 米之间。北方气田 900 万亿立方英尺的储量约占已探明世界天然气总储量的 20% 。

1990 年，卡塔尔开始实施天然气开发战略，拉斯拉凡工业城开始兴建。1996 年，卡塔尔出口的第一船液化天然气就是从拉斯拉凡起程运往日本。1997 年 2 月 24 日，卡塔尔埃米尔哈马德亲自为拉斯拉凡工业城奠基，标志着该工业城乃至整个卡塔尔的天然气工业进入全面建设、加速发展的新阶段。

拉斯拉凡工业城的主要企业和项目有：卡塔尔液化天然气公司（QatarGas）、拉斯拉凡液化天然气公司（RasGas）、拉斯拉凡氦气厂（Ras Laffan Helium Plant）、海湾天然气公司（AKG-Al Khaleej Gas）、海豚能源有限公司（Dolphin Energy Limited）、羚羊气转油项目（Oryx GTL）、珍珠气转油项目（Pearl GTL）和凝析油精炼厂（Condensate Refinery）等。

2018 年 1 月 1 日，卡塔尔液化天然气公司和卡塔尔拉斯拉凡液化天然气公司正式合并，合并后卡塔尔的液化天然气年产量约 7700 万吨，每年节省约 20 亿卡塔尔里亚尔（约合 5.5 亿美元）的运营成本。

三　地形与气候

1. 地形地貌

卡塔尔地势低平，90% 的地区海拔高度不到 50 米，海滩面积约占全国总面积的 7%。整体来看，地势西高东低，多为沙漠或岩石戈壁。高地和石灰岩山丘主要分布在西部的杜汉地区、北部的富威尔图山区和东南部的乌姆赛义德山区，杜汉山是卡塔尔全境最高的山；东部较为平坦，是一片起伏不大的石灰质冲积平原；北部和中部的盆地，是卡塔尔最肥沃的地带，适合植被生长。卡塔尔海岸线较长，多优良海港，为发展渔业、海上交通和海上贸易提供了良好条件。

从自然地貌看，卡塔尔可分成三个地带。

沼泽地带 主要是指卡塔尔南部和沿海地区。这里大多为沼泽和湿地，雨季大量积水，片片红花绿草，椰枣树成林，当地人称这里为“里亚德”。这是一个阿拉伯语词语，意为“花园、绿洲”。最主要的沼泽地有：玛基德、什哈尼叶和苏莱米等。

高地 大部分位于杜汉山到沼泽地区的西海岸边，被称为杜汉高地，库拉恩阿布巴尔是卡塔尔的最高点，海拔 103 米。此外，便是北部的富威尔图山和东南部的乌姆赛伊德山等。

盆地 位于卡塔尔北部和中部地区，土地肥沃，适合季节性植物生长和放牧，是卡塔尔最重要的农业区、椰枣产区和畜牧区。

除此之外的其他地区多为盐碱沙荒地，不适合农作物生长。自 20 世纪 70 年代起，卡塔尔政府开始制定规划，采取措施改良盐碱沙荒土壤，发展农业和畜牧业。

也有学者从地理学角度将卡塔尔划分为以下四个区域。

北部地区 这一地区现在被称为“巴巴尔”。这里有一些地方自然植被较好，人口较稠密，农业较发达。但是气候比较干燥，降雨较少，当地居民利用井水作为饮用水和灌溉用水。

南部地区 从多哈市多姆巴布公路一直向南，直到卡塔尔南部疆界，这是一片与北部地区完全不同的区域。其地势参差错落，高低不一。多为岩石、盐碱沙荒地。地质勘查证明，该地区有丰沛的地下水。卡塔尔政府在这里花大力气打水井，利用地下水资源向当地民众提供饮用水和灌溉用水。为了生活方便，居民多居住在有水井的地方。

边境地区 位于卡塔尔西南部，是卡塔尔与沙特接壤的地区，陆地边界约 60 公里。

沿海岛屿 卡塔尔海岸线曲折，多港湾。领海宽度为 3 公里，尚未公布经济及渔业区范围。有若干岛屿，岛屿总面积约为 100 平方公里。

2. 气候

卡塔尔属热带沙漠气候，无明显的四季之分，只有漫长的夏季和冬季。夏季从每年 5 月到 10 月，天气炎热潮湿，高温无雨，平均气温为 25℃ ~46℃，最高气温可达 50℃。冬季从 11 月到次年 4 月，气候凉爽干燥，平均温度 9℃ ~31℃，最低气温为 7℃。全年降水稀少，年平均降水量仅为 80 毫米。昼夜温差大是其气候的一大特点，最大温差可达 27.5℃，最小温差为 15℃，平均温差约为 20℃。

每年的前三个月和后三个月是卡塔尔一年中最好的时节。前三个月是指每年的 1 ~3 月，后三个月是指每年的 10 ~12 月。在这六个月里，气温适中，日间最高温度为 34.4℃，最低温度为 28.9℃，是到卡塔尔旅游的最好季节。而每年的 4 ~9 月是卡塔尔最炎热的时候，最高温度甚至高达 50℃，最低温度为 42.8℃，平均气温为 44.63℃。

据在卡塔尔施工的中国工程队描述，盛夏季节在太阳照射下，把鸡蛋打在车盖上，瞬间便熟。由于温度太高，在海边沙滩上的海鸟蛋常被烤熟。夏天因为太热，所以没有苍蝇和蚊子，但是有一种小白虫，人若被咬后会痒若干天。因为不知道它的名称，所以大家都叫它“小咬”。苍蝇和蚊子只有冬天才有。

四 人口、民族和语言

1. 人口

卡塔尔发展规划与统计部每月发表人口统计报告，统计的人口包括当时所有卡塔尔国公民以及长期在卡塔尔居住的外籍居民。统计时在国外的卡塔尔公民以及持有长期居留证但不在卡塔尔的外籍居民都不计算在内。

据卡塔尔发展规划和统计部发布的最新数据，2018 年 4 月，卡塔尔的人口总数超过 270 万。卡塔尔人口中，男性居民近 202 万，女性居民超过68万。

卡塔尔人口中，城镇人口占99.34%，农村人口占0.76%。约40%的卡塔尔人口集中在首都多哈市政区范围内，邻近首都的赖扬、沃克拉、豪尔和扎赫拉、谢哈尼亚、兆阿因等市政区人口也较为集中。

卡塔尔人口中，原籍为卡塔尔籍公民约占15%，外籍人口约占85%。外籍人口主要来自埃及、约旦、黎巴嫩和叙利亚等阿拉伯国家，以及印度、孟加拉国、尼泊尔和菲律宾等东南亚国家。

在卡塔尔的华人约有5000人，绝大部分从事建筑工程、商贸等领域的工作，大多数生活在首都多哈。

2. 民族

卡塔尔与阿拉伯半岛有着密切的血缘关系和共同的文明，卡塔尔人实际上也是从阿拉伯游牧部落发展而来的。在17~18世纪，阿拉伯游牧部落从毗邻的地区如奈吉德（内志）、希贾兹（汉志）、哈萨或阿曼等地经陆路陆续迁移到卡塔尔，这种部落迁移直至19世纪初才停止。

在卡塔尔定居下来的部落可以分成两大部分。

（1）定居部落。其中穆阿达特部落是最重要的部落，卡塔尔的统治家族阿勒萨尼家族就来自该部落。这些定居部落为卡塔尔社会的发展做出了巨大贡献。其他如居住在鲁韦斯的苏丹部落、穆斯林部落和布库拉部落，也属于卡塔尔的重要部落。

（2）贝都因部落。生活在沙漠中的部落，过着逐水草而居的游牧生活。白尼·希贾里部落是其中最为著名的部落，其他如迈纳塞尔部落和纳伊米部落都被列为海湾阿拉伯国家的主要部落之一。

卡塔尔人属于阿拉伯民族，但本国人口数量不多，占人口大多数的外籍居民主要来自其他阿拉伯国家和东南亚国家。

3. 语言

卡塔尔宪法第一章第一条明确规定："卡塔尔人民是阿拉伯民族的一部分。官方语言是阿拉伯语。"卡塔尔的通用语为英语。

阿拉伯语是所有阿拉伯国家人民的通用语言，属于闪含语系闪米特语族，使用阿拉伯字母，从右向左书写。

五　国旗、国徽和国歌

1. 国旗

卡塔尔的国旗呈长方形，长宽之比为28∶11，由白色与较深的枣红色两色组成，两色之间呈锯齿状。齿状线左侧为白色，右侧为枣红色，两色连接处共有九个齿。

卡塔尔的国旗于1971年7月9日正式启用。白色代表和平，枣红色代表历史上的战争。九个锯齿代表在1916年与英国签署《永久和平条约》的卡塔尔酋长国、阿曼苏丹国、阿布扎比酋长国、沙迦酋长国、迪拜酋长国、富查伊拉酋长国、阿治曼酋长国、海伊马角酋长国和乌姆盖万酋长国，它们在历史上合称特鲁西尔诸国。

2. 国徽

卡塔尔的国徽于1976年正式启用，呈圆形。国徽中心是一个黄色圆徽，圆徽底部是两把相互交叉的阿拉伯弯刀，代表抵挡一切外来入侵之敌，捍卫祖国的独立和自由。在弯刀的庇护下，一艘白色帆船正乘风破浪，前进在辽阔的蓝色水面上，它象征卡塔尔不断发展的海上贸易和渔业生产。帆船旁边枣红色的土地上种植着两棵椰子树，代表卡塔尔丰富的自然资源。圆徽下面围绕着绘有国旗图案的圆形饰带，上面白色部分用阿拉伯文书写国名“卡塔尔国”，卡塔尔驻外使馆则使用圆形饰带下半部分书有英文国名的版本。

3. 国歌

卡塔尔独立之初就着手创作国歌，后由著名诗人兼词作者穆巴拉克·本·赛义夫·阿勒萨尼创作了一首《和平颂歌》，请权威作曲家阿布德尔·阿齐兹·纳赛尔·奥拜丹谱了曲。但是正式启用是在1996年12月7日，当时刚刚就任埃米尔的哈马德·本·哈利法·阿勒萨尼接见了来卡塔尔开会的海湾阿拉伯国家合作委员会（简称海湾合作委员会或海合会）成员国国家首脑，会见时首次演奏了《和平颂歌》。从此，这首歌才被正式被确定为卡塔尔国歌。歌词大意是：

以开天辟地之神发誓，
以传播光明之神发誓，
卡塔尔国必将永世自由。
忠诚之魂兮令你升华，
在优秀之风格中嬗变，
在先知的指引下前进。
在我们万众的心目中，
卡塔尔国是光辉的诗篇，
卡塔尔国属于祖辈先贤，
他们保佑我们免苦难。
让白鸽永享和平蓝天，
战士们正在作出奉献。

第二节 宗教与民俗

一 宗教

1. 伊斯兰教

公元7世纪30年代，卡塔尔成为阿拉伯帝国的一部分，伊斯兰教在当地居民中开始传播。

公元9世纪末至11世纪初，卡塔尔属“巴林卡尔马特国”。在以后的几个世纪里，卡塔尔为当地穆斯林小王朝所统治，成为什叶派、逊尼派、艾巴德派和哈瓦利吉派争夺的对象，16世纪以后由奥斯曼帝国统治200多年。18世纪初，阿勒萨尼家族从阿拉伯半岛的亚比林绿洲迁到卡塔尔，后与其他瓦哈比派的部落结成联盟，先后形成了几个小的酋长国。19世纪中期，伯努·泰米姆部族统一半岛。1846年，萨尼·本·穆罕默德建立君主立宪的卡塔尔酋长国，开启了阿勒萨尼家族的统治时代。阿勒萨尼家族信奉逊尼派中的瓦哈比派教义，是穆斯林中最有权势的一部分人。1974年卡塔尔颁布的临时宪法规定，伊斯兰教为国教，国家实行伊斯兰教法，居民在日常生活中须严格遵守伊斯兰教的教规和礼仪。卡塔尔是"阿拉伯国家联盟""伊斯兰会议组织""世界伊斯兰大会""伊斯兰世界联盟"的成员国。

在卡塔尔公民中，99%的居民信奉伊斯兰教，主要为逊尼派。2004年的人口普查显示，卡塔尔71.5%的人口是逊尼派的穆斯林，约10%是什叶派的穆斯林，8.5%是基督徒，另有10%信仰其他宗教。卡塔尔清真寺遍布全国各地，但也建有天主教堂供外来劳工使用。

2. 习俗与禁忌

卡塔尔人严格遵守伊斯兰教规，严禁饮酒。穆斯林还不吃未按伊斯兰方式宰杀的动物和已死的动物及其血液，禁吃猪肉和无磷的水产动物、不反刍的陆地动物等不洁之物。所有出口到卡塔尔的肉类产品，都必须严格按照伊斯兰方式进行宰杀和加工。

根据伊斯兰教教义，斋月期间穆斯林如无特殊豁免原因，须在黎明至日落期间戒饮食、戒丑行、戒秽语、戒邪念等。非穆斯林在斋戒时间内不得在公共场所或穆斯林面前饮水、进食或吸烟，不向穆斯林提供可现场消费的食品饮料。所有在卡塔尔常驻和临时到访卡塔尔的外国公民，斋月期间须严格遵守当地法律法规，尊重当地宗教习俗，切勿于斋戒时间内在公共场合饮水、进食或吸烟。

斋月期间，卡塔尔政府部门、商铺、饭店等作息时间均有所调整，请妥善安排作息时间，以免影响正常的学习、工作和生活。

按伊斯兰教规，异教徒一般不得进入清真寺，妇女进入清真寺必须穿黑袍、戴头巾，穆斯林入寺必须脱鞋、净身（大净与小净）。

穆斯林妇女一般深居简出，平时不在公共场所抛头露面，也不能会见异性客人，如外出须戴头巾。在卡塔尔，建议不要随意给当地人拍照，尤其不要给女士拍照，除非事先已征得人家的同意。

3. 清真寺

据卡塔尔宗教基金及伊斯兰事务部2015年统计，在过去10年中，共建成641座清真寺，占全国清真寺数量的1/3。计划在2016~2020年进一步增加清真寺数量。

卡塔尔最负盛名的大型清真寺主要有两座：欧麦尔清真寺和艾布·伯克尔清真寺。

欧麦尔清真寺 它是卡塔尔著名的清真寺之一。该寺位于首都多哈市南哈利法区四环线大道边，原系土坯建造的古寺，1980年8月由政府出资重建，1983年5月竣工使用，耗资2056万卡塔尔里亚尔（1里亚尔=1.7849人民币）。该寺建筑面积3214平方米，广场面积1100平方米。

该寺的底层礼拜殿面积为1796平方米，可容近3000人礼拜，妇女礼拜处用木制屏风隔开，可容350人。楼上礼拜殿约占整个大殿后半部（即东部）及两侧面积的2/3，可容近2000人礼拜，妇女礼拜处可容400人礼拜。

该寺大殿采用屋顶采光和四面采光相结合的采光方式，设计新颖。四个半圆形的拱顶装有黄、白、蓝三色玻璃，呈半葵花形；大殿四周墙上开有上下两组大窗，装有滤色玻璃，使透进大殿的阳光显得既明亮又不失柔和。

该寺西南角有宣礼塔1座，高38米，顶上装有避雷针及闪光灯，还装有扩音器。寺内图书馆藏有各种伊斯兰经典书籍，男女沐浴室都配有现代化设施。伊玛目的住所为别墅式楼房，另设办公室及工作人员宿舍。停车场位于清真寺西北侧，可停100多辆汽车。清真寺的照明工程，一律采用反射技术处理。夜间远望，整个清真寺通体雪亮，景色壮观。

艾布·伯克尔清真寺 它是卡塔尔最著名的清真寺之一，位于首都多哈市国际机场大道边。

艾布·伯克尔清真寺于1980年在原址上拆旧建新，并于1983年建成。该寺采用拜占庭式建筑风格，由于规格较高，耗资高达1330余万卡塔尔里亚尔（约折合230万美元）。

艾布·伯克尔清真寺的大圆顶直径达22米，共开了32个窗户。一道直径为30米的连环花式围墙，围着大圆顶。清真寺大殿分两层：上层面积达725平方米，可容纳1400人同时礼拜，并辟出了一个可容纳200人的地方专供妇女进行礼拜；下层面积略小，有480平方米，可容纳1000人一起礼拜。

清真寺大殿内由饰以阿拉伯式花纹雕刻的大柱子支撑，装有声光及空调设施。寺侧建有高50米的宣礼塔，塔顶装有扩音器。寺内建有图书馆，藏有伊斯兰各学科经典名著。寺旁还建有双层停车场，可停100多辆汽车。清真寺设有管理会专门主持日常事务，经费由卡塔尔宗教基金及伊斯兰事务部支付。

二　节假日

开斋节和宰牲节是卡塔尔的两大重要节日，由埃米尔办公厅负责发布通知，规定具体的放假日期，一般短则三天，长则一个星期。节日期间，卡塔尔政府部门、公共机构和企业都关门歇业。但卡塔尔中央银行、商业银行以及其他金融机构的放假时间则由卡塔尔央行行长决定。

历史上，伊斯兰教以其先知穆罕默德迁徙麦地那的第二天（公元622年7月16日）为伊斯兰历的元年元旦，平年354天，闰年355天。由于伊斯兰历和公历之间的差异，开斋节和宰牲节的节庆时间每年有所不同。

1. 开斋节

时间在伊斯兰历10月1日。穆斯林在伊斯兰历9月全月斋戒，斋月最后一日寻看新月，见月次日开斋，即为开斋节；如未见新月，则继续封斋，节期顺延。

开斋节是穆斯林最重要的节日之一，它表示斋月的功课已经圆满完成。同时，开斋节也是穆斯林最欢乐最热闹的节日之一。一般来说，全国至少放假三天，家家户户团聚在一起，相互走访，祝贺节日。人们穿上盛装，到清真寺参加会礼和庆祝活动，恭贺“斋功”顺利完成。礼拜仪式的规模和气氛均盛于聚礼。

2. 宰牲节

这个节日起源于古代先知易卜拉欣的传说。安拉为了考验先知易卜拉欣的忠诚，在夜里降梦给易卜拉欣，叫他杀掉自己的儿子伊斯玛仪献祭。易卜拉欣毫不犹豫地照办了。就在他准备杀掉伊斯玛仪时，安拉看到了易卜拉欣的虔诚和敬畏，派天使送下一只羊，代替了伊斯玛仪的牺牲。伊斯兰教承认先知易卜拉欣为圣祖，并把伊斯兰历的 12 月 10 日定为宰牲节。宰牲节和开斋节中间相隔 70 天。

按照伊斯兰教教义，在经济条件和身体条件允许的情况下，每个虔诚的穆斯林在一生当中都要到位于沙特阿拉伯的伊斯兰教圣地——麦加朝觐，这是穆斯林必须遵循的“五功”之一。每年宰牲节期间去麦加朝觐称为大朝觐，朝觐过的穆斯林被尊称为“哈吉”（Haji），是穆斯林至高的荣誉。其他时间去朝觐的称为小朝或副朝，朝觐后没有尊称，因此全球的穆斯林都力争在每年的宰牲节期间去麦加朝觐。从这个意义上来说，不少人认为宰牲节比其他节日更具重要性。

宰牲节的文化特色主要有两个。

一是会礼。穆斯林在宰牲节聚集在大清真寺或公共场所，举行盛大的仪式和庆祝活动。

二是宰牲。穆斯林一般于节日之前准备好到时要宰杀的牲口，牲口要求必须健康，分骆驼、牛、羊三种，根据家庭的经济情况来决定。宰杀后的肉要分成三份，分别留作自用、赠送亲友以及施舍给需要帮助的人。

3. 其他节假日

国庆日 卡塔尔于 1971 年 9 月 3 日宣告独立，2008 年之前每年的 9 月 3 日为国庆日。从 2008 年开始，卡塔尔国庆日改为每年 12 月 18 日。

全民健身日 2011 年，时任卡塔尔副埃米尔、王储的塔米姆·本·哈马德·阿勒萨尼颁布 2011 年第 80 号埃米尔令，宣布设立卡塔尔“全民

健身日”，规定每年2月份的第二个星期二全国放假一天，号召全体卡塔尔人民都投身到体育锻炼中去。设立“全民健身日”的目的在于提高全民健身意识，倡导“健康身体，健康心灵”的理念。

公休日 卡塔尔公休日为每周星期五和星期六。

三 风俗习惯

1. 尊称

卡塔尔属酋长国，国家元首称“埃米尔”。人们敬称埃米尔为“殿下”而非“陛下”。对副埃米尔和王储，同样也用“殿下”来表示敬称。卡塔尔的埃米尔由阿勒萨尼家族世袭。这个家族的人员姓名前通常冠以“谢赫”以示尊敬。其他人也用先生、女士等称呼。

2. 礼仪

卡塔尔人有见面拥抱和吻脸的习俗。亲朋好友久别重逢或即将远行时会热烈拥抱并吻脸三下，但仅限于同性之间。男性吻脸顺序一般为左、右、左，女性吻脸顺序为右、左、右。与外国人初次见面，握手表示欢迎也是很常用的礼节。但有些很传统的男性，比如宗教人士，一般不与女士握手。目前，在卡塔尔商界，西式礼仪也已普遍被采用。

3. 待客之道

咖啡是卡塔尔人待客时最常用的饮料。现煮的咖啡，加豆蔻等香料，味略苦，装在专用的咖啡壶里。倒咖啡的人身穿传统民族服装，手里拿3~5个杯子。如果客人多，一般是前边人用毕，后边的人接着用，不再刷洗。每次倒的咖啡量不多，仅有杯子的1/3左右。客人喝过后如不想再喝则要左右摇动杯子。随着时代的变迁，这一习惯现在已不那么严格。客人如不想再喝，摆手表示也可。

如果在家中待客，卡塔尔人常为客人香薰和洒香水。

4. 饮食习惯

卡塔尔人喜欢吃蔬菜沙拉、奶酪和腌制橄榄等，霍姆斯酱是每餐必备的食品。正餐主要吃大饼、烤肉和烤鱼等，饭后常备甜点。公共餐馆严格禁酒，但一些五星级酒店内可提供啤酒、葡萄酒和威士忌等，供外国人饮用。

卡塔尔人喜欢喝咖啡、红茶和牛奶。红茶通常加糖，再放上新鲜的薄荷叶。

5. 闲暇娱乐

闲暇时，卡塔尔人大多喜欢在咖啡馆消磨时光，一边喝咖啡或茶，一边抽阿拉伯式水烟，水烟嘴托着长长的烟管从一个人手中传到另一个人手中，一边抽烟，一边闲聊。一些商务洽谈也会在咖啡馆进行。在多哈市内老城的传统市场里，晚上经常举行露天的传统歌舞表演，表演者都是男性。

卡塔尔人家族观念比较强，每到周末，家族成员都聚到一起，品尝烧烤、喝咖啡，享受天伦之乐。

6. 服饰

卡塔尔男子上班时着正装，和其他海湾国家一样，男人夏季穿白色长袍，冬季穿深色长袍，有蓝色、咖啡色、灰色等。头戴白色、红色或花格头巾，上面压着黑色绳圈。妇女外出活动穿着较为朴素，外罩黑袍，包头，有的还蒙面纱。也有一些比较开放的穿裙装，戴白色甚至淡彩色的头巾。

卡塔尔对待着装的态度相对宽松，但无论男女，均应避免在公共场所穿着过于暴露的服装，尤其是进出清真寺须穿过膝的下装，上身不能穿吊带背心等无袖上衣。女性无论去哪里，最好不穿过短、过透或过紧的服装。

第三节　特色资源

一　游览胜地

1. 瓦其夫传统集市

从伊斯兰艺术博物馆穿过地下通道，五分钟即可到达瓦其夫传统集市

(Souq Waqif)。这是一个极富阿拉伯风情的老集市，是多哈最古老的阿拉伯传统市场，有着百余年历史。瓦其夫传统集市是多哈市最著名的景点之一，也是当地人常光顾的集市。

星罗棋布的小商店摆满了琳琅满目的中东特色商品：从新鲜椰枣等节令美食，到香水、珠宝首饰、服装、手工艺品及各式各样的特色纪念品。临街店铺的门口大多设有放置水烟的桌子，供顾客免费吸用。集市内聚集了各式各样的餐厅，有来自世界各地的美食，但数量最多的是来自黎巴嫩、摩洛哥、叙利亚、也门、伊朗、土耳其、伊拉克等国不同风味的美食。热闹的街道上，骑着白马穿梭在人群中的多哈市警察也是一道亮丽的风景线。

瓦其夫传统集市的两大看点是黄金市场和猎隼市场。卡塔尔的黄金工艺十分高超，当地的黄金饰品造型独特，别出心裁，许多特别的设计仅此可见。这里可以见到猎隼。驯养猎隼向来是阿拉伯人的传统，数千年来，游牧民族利用猎隼狩猎，这一传统沿袭至今，尤受卡塔尔人喜爱。

2. 卡塔尔明珠

卡塔尔明珠（the Pearl），又名珍珠岛，是多哈市的地标之一，位于多哈西湾，因为形似一大一小两颗珍珠而得名。卡塔尔的珍珠岛是填海建造的人工岛，改建以后海岸线总长达32公里。这里是目前卡塔尔的黄金地段之一，也是外国人唯一可以在卡塔尔购置地产的区域。

珍珠岛由马萨·阿拉比亚（Marsa Arabia）与微瓦·巴哈利亚（Viva Bahriya）两大区域组成，岛上建有中东风格的码头，供停泊豪华游艇用。另外还有高档住宅、奢侈品店、展厅、花园和海滩等。在珍珠岛上，你可以找到来自世界各地的餐厅和咖啡厅品尝各种美食和咖啡。珍珠岛也是购物、娱乐、休闲的好去处。

珍珠岛是卡塔尔最吸引游客的旅游景点之一，被称为“阿拉伯的里维埃拉”。

3. “沙漠内海”

豪尔阿戴德，亦称“沙漠内海”，位于卡塔尔东南部，与沙特阿拉伯接壤，离多哈60公里，是卡塔尔最奇妙的自然景观之一，已被联合国教科文组织列为自然保护区。海水冲进沙漠，形成了一片内陆海并深藏于无际的沙漠之中，是世界上少有的“沙漠内海”之一。

游客从多哈驱车 1.5 小时便可以来到这里，换乘四轮驱动的越野车可以越过高高的沙丘欣赏沙漠美景。高耸的沙丘是沙漠内海的主要特色，在这里可体验冲沙的乐趣，亦可欣赏驼队在沙丘上行走的美景。每天不同时段不同光照条件下，沙漠景观变幻莫测，也是观赏沙漠日落的好去处。

4. 国家大清真寺

国家大清真寺（State Grand Mosque），又称穆罕默德·本·阿卜杜·瓦哈比清真寺，是卡塔尔最大的清真寺，被誉为“伊斯兰建筑艺术的殿堂”。它的造型受卡塔尔传统建筑风格的影响，以其精美的建筑造型和巨大的建筑空间而闻名于世。该寺占地 17.5 万平方米，可容纳 3 万多人同时礼拜。

5. 香蕉岛

香蕉岛（Banana Island）距离热闹喧嚣的多哈市中心不远，可搭乘豪华轮渡到达。整个岛属于安纳塔拉度假村。周围海域风景优美、海水清澈透明。这里可提供多种用餐选择，更有世界级娱乐设施和种类繁多的休闲活动。

6. 艾加沙西亚岩雕

艾加沙西亚岩雕是一个岩雕群，位于卡塔尔东北沿海地区，于 1957 年被发现。据统计，这里共有 874 座“岩雕”，有成排的杯子、玫瑰花环、船舶等造型。据考古学家考证，这是新石器时代的作品，是在卡塔尔发现的最古老的“岩雕”，这也证明了新石器时代这里已经有人类活动。

7. 艾沙卡布马术中心

艾沙卡布马术中心（Al Shaqab）是一处专门饲养阿拉伯马的养马场，设备先进，管理科学，饲养条件一流，被称作“七星级养马场”。

马场由行政管理处、饲养处、保健处、幼马栏和训导处等部门组成。行政管理处是行政人员、马匹训练师、专家和兽医等工作的地

方。饲养处即马厩。每匹马都拥有独立的居所，各不相扰，室内环境安静、整洁、卫生、舒适。保健处延请著名的有多年养马经验的兽医，每天对马匹的健康状况进行各项医疗检查，发现不良状况随时进行保健或治疗。这里的工人每天下午都要为每匹马进行人工掏粪，目的是使马匹保持大肠畅通，不留宿便。掏完粪后，工人将马匹牵到温水池中浸泡按摩，半小时后牵出水池遛马，待马匹身上干燥后再牵回马厩。幼马栏是新生的小马驹的居所，也是一匹一室，各不相扰，安静舒适。营养师根据每匹马的不同情况，随时调理饮食。训导处根据马匹的体能及培养目标制订各匹马的训练计划和设定练习项目，旨在增强马匹体质，保持马匹活力。

二　九大岛屿

卡塔尔三面环海，海岛较多，比较大的岛屿有以下九个。

1. 胡瓦尔群岛

该群岛是卡塔尔最大的群岛，位于卡塔尔半岛西岸，是一个新月形的岛屿，与周边的诸岛形成众星捧月之状。该群岛是卡塔尔大陆架的自然延伸部分，从南到北长约 17 公里，西岸海水约 10 米深；东岸海岸线曲折，海水甚浅，退潮时可以涉水过浅滩。渔民常在岛上歇息，游客也常到这里赏海游玩。岛上设有哨所。

地理学家巴迪·萨格尔教授在其所著《卡塔尔国地理指南》一书中说，“胡瓦尔”一词在阿拉伯语中意为“骆驼仔”，“盖因其岛之形状有如骆驼幼仔吸吮母乳之状，故名”。

2. 哈鲁勒岛

该岛位于卡塔尔半岛东海岸，距多哈 80 公里，面积为 1.48 平方公里。岛上有很多水鸟，生长着枣椰树和其他灌木，岸边有渔场。20 世纪 50 年代开始开发前，这里一直是各种船只躲避风暴的场所和船员远航途中的憩息地。20 世纪 60 年代始，随着附近海域海上油田的开发，这里逐渐成为石油储存与运输的港口。卡塔尔海军及海岸警卫队在岛上设有军事基地，并建有飞机起降跑道。

3. 谢拉欧岛

该岛位于乌姆赛义德市的北部，呈圆形，沿岸水深达 10 米。岛上荒无人烟，但栖息着上百万只海鸥、海燕等海鸟，被誉为“百万海鸟之家”。

4. 伊斯哈图岛

该岛位于乌姆赛义德市东南方 11 公里处，是一个圆形小岛，离海岸约 13 公里。岛屿周围渔产丰富，是卡塔尔重要的天然渔场之一。

5. 萨菲利叶岛

该岛呈圆锥形，从东北向西南延伸，岛长约 5 公里，平均宽度为 3 公里。位于首都多哈的外海域，距海岸 4 公里，沿岸水深不到 10 米。岛上驻有荷兰皇家壳牌集团的企业，吃水不深的轮船可以靠近该岛。

6. 阿利叶岛

该岛形如梨状，距海岸 5 公里，岛长 5 公里，沿岸水深不到 10 米。该岛的西边、北边有一些暗礁围绕，从这两个方向靠近岛屿遭遇航行危险的可能性较大。

7. 鲁坎岛

该岛形如榔头，位于卡塔尔半岛西海岸。其东、北两岸多暗礁，暗礁外海域水深约 10 米。该岛盛产鱼类，是卡塔尔重要的渔场之一。

8. 伊卜鲁格群岛

该群岛位于胡瓦尔群岛附近，岛屿在退潮时连接在一起，在涨潮时被海水隔开，时显时隐，涨潮时为暗礁石，落潮时便是群岛。

9. 吉南岛

该岛位于胡瓦尔群岛的南边，呈椭圆形，离杜汉市约 26 公里。这是一个无人居住的小岛。

三 奇异洞穴

据记载，卡塔尔地区古代发生过大地震，造成了地层断裂，从而形成了千奇百怪的洞穴，令人叹为观止。马哈茂德·萨南在其所著的《卡塔尔国通史》中记载，卡塔尔著名的洞穴有白鸽洞、露真洞、幽暗洞和磷光洞等。

1. 白鸽洞

白鸽洞位于岩石高地的中间，距离多哈约 7 公里。白鸽洞实际上是因一次剧烈的较深层的地裂而形成，裂口呈不规则形状。洞口圆周约为 51 米，有 16 级石梯通向洞内。洞深约 9 米，洞底圆周约 9 米。洞底有个浅浅的水池。洞中怪石嶙峋，沟壑纵横，有许多向东方和东北方延伸的裂缝。裂缝四周的石块颜色各异，有的近似于黑色，有的则近乎白色。因尚未进行勘探，所以洞内那些石缝的深度至今还不得而知。之所以称它为白鸽洞，是因为有大量白鸽聚集在洞中营巢做窝，以洞为家，繁衍后代的缘故。

2. 露真洞

露真洞距多哈 26 公里。在距离多哈 23 公里处是乌姆什卜拉姆岔口，那里有一个以岔口名字命名的哨所。该哨所西北 3 公里处，有条羊肠小路通向位于野生树木和椰枣林中的露真洞。该洞成新月形，有人认为是火山口，深达 42.67 米，周长约 36.56 米。洞穴四周是光滑的岩石，洞壁石块呈白色，洞底潮湿，可一览无余，故名“露真洞”。

3. 幽暗洞

幽暗洞宽大、多水，一块巨石斜插其中，遮蔽了洞外的光线，使洞内显得昏暗无比。倾斜的洞壁又窄又长，只有用灯光照明才能慢慢走进洞内深处。

4. 磷光洞

这是一个夜间能发出磷光的深洞，又名达艾米斯菲尔洞穴。该洞深 12.19 米，主要由纤维状石膏形成，洞壁陡峭，不借助工具无法下到洞中一探究竟。

四　自然保护区

为了保护阿拉伯羚羊、瞪羚、鸵鸟等动物和红树林等植物，卡塔尔在全国设立了 12 大自然保护区。

1. 谢哈尼亚自然保护区

该保护区距多哈市 45 公里，面积 12 平方公里，是卡塔尔最早设立的自然保护区之一。1979 年，为了保护濒临灭绝的阿拉伯羚羊，贾西姆·本·哈马德·阿勒萨尼专门设立了谢哈尼亚自然保护区，并从阿卜杜·拉赫曼·本·沙特·阿勒萨尼的莫伊扎尔农场运来阿拉伯羚羊。保护区里还设有专门安置鸵鸟的地方。

2. 麦斯哈比亚自然保护区

该保护区位于卡塔尔西南部和阿布萨姆拉中心东南部，于 1997 年正式对外开放，面积约 54 平方公里。该保护区主要是为了重新安置阿拉伯羚羊、阿拉伯瞪羚以及其他濒危的野生动物而设。这里地势平坦，沙地规整，散布其间的丘陵和山谷适宜野草和树木生长，为野生动物的放养提供了良好条件。

3. 扎赫拉自然保护区

这是位于卡塔尔东北部的一个自然保护区，设立于 2006 年，距多哈约 64 公里。保护区包括乌姆艾尔岛和红树林。该地区有常绿灌木，是卡塔尔唯一一个灌木可以自然生长的地方。

4. 阿立克自然保护区

该保护区位于卡塔尔西南部，距多哈约 80 公里。2006 年，卡塔尔政府为避免过度放牧而设立该保护区。由于山谷和高地较多，这里适宜多种植物生长。

5. 利姆自然保护区

该保护区位于卡塔尔西北部，距多哈市 65 公里，设立于 2005 年。该保护区面积约占全国陆地总面积的 16%，厚厚的石灰岩层为鹿、鸵鸟以及其他野生动植物提供了良好的生存条件，联合国教科文组织已将其列入保护计划。由于植被覆盖率高，利姆自然保护区在卡塔尔人民心目中一直享有比较特殊的地位。

6. 瓦塞尔自然保护区

该保护区位于多哈东北部，总面积 36 平方公里。为了实现生物多样性战略目标，抑制东海岸城市建筑的快速扩张，卡塔尔政府于 2005 年专门设立了这个保护区。这里有卡塔尔著名的历史古迹，卡塔尔统治家族也从这里发迹。

7. 豪尔阿戴德自然保护区

豪尔阿戴德自然保护区设立于2007年，总面积约1833平方公里，位于卡塔尔最南端，距多哈约60公里，人称“沙漠内海”，这里有卡塔尔最具特色的自然景观之一，已被联合国教科文组织列为自然保护区。

豪尔阿戴德是哺乳动物、鸟类和爬行动物保护基地，对卡塔尔来说具有特别重要的意义。保护区所具备的特殊地质形态和特殊环境，为各种珍稀动植物的生长提供了有利条件，从而形成了独特的生态景观。卡塔尔对这一地区采取了最高级别的环境保护措施。

8. 里法自然保护区

里法自然保护区位于多哈西部，面积约53平方公里，赖扬、瓦吉巴（Alwajba）两个地区的绿洲均被列入该保护区。里法自然保护区地势相对较高，与其他绿洲相比，这里的陆生植物较多，是深受当地居民欢迎的自然景观地之一。

9. 萨那自然保护区

该保护区位于多哈市西北部，因其生物多样性而被列为自然保护区。

10. 乌姆·伊迈德自然保护区

该保护区距多哈市约25公里，位于卡塔尔东北部，植被覆盖率较高。

11. 乌姆·高兰自然保护区

该保护区与乌姆·伊迈德自然保护区一样，距多哈市约25公里，位于卡塔尔东北部，因植被覆盖率较高而被列为自然保护区。

12. 埃里克自然保护区

该保护区位于多哈市以西的萨姆拉地区，距多哈约50公里。埃里克自然保护区像一颗熠熠生辉的宝石镶嵌在沙漠之中。这里是候鸟和昆虫的栖息地，农场采用中央滴灌系统种植饲料作物。

第二章

历　史

第一节　古代史

据考古资料证明，卡塔尔早在公元前5500年左右就存在人类活动的痕迹。青铜时代，卡塔尔地区作为古代尼罗河流域的埃及文明与两河流域的美索不达米亚文明的交汇之地，建立了最早的城邦和贸易据点，如公元前24世纪由卡塔尔人建立的“迪尔蒙地”（the Land of Dilmun），后被两河流域兴起的巴比伦王国所吞并。

在伊斯兰教出现前几个世纪，卡塔尔这个地区就已为世人所知。罗马历史学家老普林尼在他的著作中曾经提到卡塔尔这个地方。但是，“卡塔尔”作为地名最早在地图上出现是在地理学家托勒密（公元90～168年）绘制的地图《阿拉伯诸国图》上，他用拉丁字母把卡塔尔半岛标注为“Catara”或“Cadara”，这两个标注的发音与现在卡塔尔（Qatar）的发音最为接近。

另有资料提到“卡塔尔”这一名字源于一个叫卡塔利·本·法贾伊的诗人，他曾在卡塔尔半岛上居住。人们为了纪念他就把这个地方叫作“卡塔尔”。还有一种传说，称很早以前，这个地方经常下雨，所以被人们叫作“卡塔尔”。因为“卡塔尔”这三个字是阿拉伯语的译音，它有许多不同的含义，其中最基本的意思为“雨点”“水滴”，最有政治含义的意思是“国家”。

早在新石器时代，大约公元前8世纪到公元前4世纪，就已有人类

开始在卡塔尔半岛上定居。考古学家曾在加萨西亚（Jassasiya）山和多哈市发现了一些雕塑，在卡塔尔其他地区还发现了大量新石器时代的铭文、陶器等，这些文物都表明卡塔尔半岛的历史至少可以追溯到公元前5世纪。

公元前5世纪的希腊历史学家希罗多德（Herodotus，约公元前484～公元前425年）指出，最先居住在卡塔尔的居民是擅长航海术和海上贸易的迦南人和腓尼基人。接踵而至的是阿拉比亚人、阿拉伯人和波斯人等。他们都是游牧民族，定居下来后长期从事捕鱼和采集珍珠等工作，靠驼队短途运输进行贸易。

公元前2世纪中期，卡塔尔作为东西方中转的商埠，在促进希腊文明、印度文明和两河流域文明相互交融方面发挥了重要作用。

在公元前7世纪到公元7世纪约1400年里，亚述帝国、罗马帝国和波斯帝国都曾统治卡塔尔半岛。

据史料记载，最早进入卡塔尔的西亚大国君主是亚述国王阿萨尔哈东，在《旧约》和希腊语文献中，他被称作“以撒哈顿”。此后，亚历山大大帝和塞琉古帝国都曾染指卡塔尔。后来，在来自波斯的安息帝国（帕提亚帝国）的统治下，卡塔尔西部开始建立渔港和配套设施。

公元628年，伊斯兰教先知穆罕默德派代表前往卡塔尔等地，卡塔尔在巴林地区的统治者蒙扎尔·伊本·萨迪·塔米米响应先知号召，加入伊斯兰教。随后当地民众也改信伊斯兰教，从此卡塔尔成为阿拉伯帝国的一部分。

大航海时代兴起后，葡萄牙人于16世纪20年代入侵并控制卡塔尔半岛，并将其变成葡萄牙世界贸易中的一个重要中转站。不过，阿拉伯人并不喜欢葡萄牙人，他们联合奥斯曼帝国，奥斯曼帝国后来又联合英国和荷兰，最终在1602年把葡萄牙人赶出了卡塔尔半岛。卡塔尔也首次被纳入了奥斯曼帝国的版图。

1670年，卡塔尔当地一个名为拜尼·哈立德的阿拉伯部落把奥斯曼帝国势力逐出卡塔尔半岛。此后，来自科威特的阿勒哈利法家族又取代了拜尼·哈立德部落，成为卡塔尔的实际统治者。1783年，阿勒哈利法家族在其他阿拉伯部落的帮助下赶走了巴林的波斯人，从而统一了巴林和卡塔尔。不料 12 年后，信奉瓦哈比派的沙特第一王国入侵并占领卡塔尔和巴林。后在埃及和奥斯曼帝国的帮助下，巴林和卡塔尔人终于赶走了沙特势力，而沙特第一王国也于 1818 年解体。

第二节 近代史

早在阿拉伯大帝国统治时期，卡塔尔就是当年“海上丝绸之路”的一个重要贸易港口。中国的瓷器、印度的香料等商品在此聚集，最终被运往欧洲；而来自伊拉克巴士拉港的商船也经常在此停歇，最终驶向遥远东方的印度和中国。在大航海时代，葡萄牙人入侵卡塔尔，也正是看中了其贸易中转站的地位，并将其打造成印度洋贸易的重要一环。

波斯湾地区的战乱给了英国人可乘之机。1821 年，英国东印度公司一度占领了如今的卡塔尔首都多哈市。1825 年东印度公司撤走后，阿勒萨尼家族统治卡塔尔，阿勒萨尼家族也是当今卡塔尔的王室。

1846 年，穆罕默德·本·阿勒萨尼建立卡塔尔酋长国，这是卡塔尔首次建国。不过，卡塔尔的独立举动让巴林人很不高兴。在此之前，卡塔尔半岛名义上归巴林阿勒哈利法家族管辖。

1867 年，统治巴林的阿勒哈利法家族联合迪拜酋长国等入侵卡塔尔，但在英国的干预下遭遇失败。英国在海湾的政治代表刘易斯·佩利上校于 1868 年给了巴林阿勒哈利法家族和卡塔尔阿勒萨尼家族一个和解方案。该方案确认了阿勒萨尼家族在卡塔尔的统治地位，从而含蓄地承认了卡塔尔与巴林的分离，前提是卡塔尔仍向巴林纳贡。

1871 年，在奥斯曼帝国的军事威胁下，卡塔尔又一次被迫纳入奥斯曼帝国的版图，直到 1913 年，英国与奥斯曼帝国达成协议，奥斯曼帝国放弃对卡塔尔的一切权利。

1915 年，卡塔尔投向英国，参加了反对奥斯曼帝国的阿拉伯大起义。1916 年 ，卡塔尔与英国签署《永久和平条约》，沦为英国的“保护国”，从此进入了英帝国统治的时代。

20 世纪 60 ~ 70 年代，阿拉伯国家民族解放运动兴起。在这一运动的压力下，英国被迫宣布允许卡塔尔独立。一开始，英国还试图让卡塔尔加入阿拉伯联合酋长国，但由于一系列矛盾和纷争，最终卡塔尔于 1971 年 9 月 3 日宣布独立。

第三节　现代史

1971 年 9 月 3 日，卡塔尔正式成为一个独立的主权国家，尊伊斯兰教为国教，艾哈迈德任埃米尔。

艾哈迈德喜欢打猎，经常不在国内，甚至在卡塔尔宣布独立时也没有回国。当时由任副酋长兼王储的哈利法・本・哈马德・阿勒萨尼宣布终止 1916 年与英国签署的《永久和平条约》和与此有关的一切协议、特权，并宣布成立“卡塔尔国”，国家元首称“埃米尔”。

1972 年 2 月 22 日，艾哈迈德在伊朗打猎时，王储哈利法・本・哈马德发动了一场名叫“修正运动”的不流血的宫廷政变，在王族和军队的支持下，成为新的埃米尔。

哈利法上台后，全力以赴投入国家的经济建设，为卡塔尔走向现代化之路奠定了坚实的基础。哈利法的一大成就是于 1974 年实现了石油财富国有化。在发现石油和天然气之前，卡塔尔人民的生活非常艰难，可以说是食不果腹。发现石油后，卡塔尔依靠巨额的石油收入发展为世界上最富有的国家之一。1980 年，卡塔尔人均国民生产总值高达 28950 美元，居世界第一位。

虽然石油财富滚滚而来，但卡塔尔也意识到石油资源终有枯竭的一天。卡塔尔政府开始制订经济多样化计划，建立了以杜汉和乌姆赛义德为中心的两个工业基地，电站、炼油厂、化工厂、炼钢厂、轧钢厂、化肥厂、水泥厂、造纸厂、塑料厂及海水淡化厂等拔地而起。卡塔尔钢铁厂是当时中东和海湾地区第一座设备齐全的工厂，乌姆赛义德的石油化工厂是当时阿拉伯世界最大的石油化工厂。

在农业方面，哈利法制定了农业总体发展规划，建立了实验性农场，并向全国推广。1981 年，国家农场达 700 个，年产蔬菜 1.8 万吨。哈利法主张在发展现代化工农业的同时保持自己国家的民族特性，因此，传统的牧业、渔业都得到了保持和发展。

1977 年，卡塔尔建立了第一所大学。此后，又相继兴办了一些高等专科学校，每年派学生到国外深造，由国家提供费用。20 世纪 80 年代初在国外的卡塔尔留学生有 1400 人。哈利法也注重推广职业教育和扫盲教育，普及新教具，引进了电视等各种教育手段。

哈利法统治时代，卡塔尔人民开始享受免费教育、免费医疗，甚至是免费的文娱和体育活动。政府还向那些收入有限的人提供住房或提供住房补贴。

在外交方面，哈利法强调阿拉伯国家之间的团结，奉行中立和不结盟政策。主张在互助互利的基础上建立新的国际经济秩序。反对超级大国在海湾和印度洋地区的争夺，重视海湾地区的团结合作。1981 年 5 月，卡塔尔与其他五个国家一起组成了“海湾阿拉伯国家合作委员会”（简称“海合会”）。

1995 年 6 月，哈利法的儿子哈马德接管国家军政大权成为卡塔尔的埃米尔。执政期间，哈马德通过制定一系列政策来改变国家面貌，使卡塔尔完成了向现代化国家的蜕变。此外，哈马德还注重提升国家形象，使卡塔尔在地区和国际范围的经济、政治事务中发挥了重要作用。哈马德继任埃米尔时是海湾地区最年轻的君主，他的改革开海湾地区君主国改革之先河，并揭开了阿拉伯国家新生代政治文明的序幕，被认为是卡塔尔历史上最杰出的领导人之一。

哈马德上台后采取了一系列改革措施，主要包括：

（1）取消新闻检查，开放言论自由。1996 年创办的半岛电视台被称为“中东的 CNN”，成为卡塔尔塑造国家形象的重要工具，为卡塔尔赢得了国际话语权。

（2）提高妇女地位。1997 年，卡塔尔允许妇女驾车，并于两年后给予妇女参加市政选举的权利。2003 年任命第一位女教育大臣。2005 年颁布永久性宪法，赋予女性与男性同等的政治和公民权利。

（3）重视发展教育和科技。1995 年，成立卡塔尔基金会，大力推动卡塔尔教育事业的发展。1996 年，兴建多哈教育城，引进国外知名院校。2001 年，聘请美国兰德公司为其设计教育改革方案，并协助其对整个教育系统进行改革。2008 年卡塔尔推出了《2030 年国家愿景规划》，指出卡塔尔应将丰富的油气资源带来的巨额收入应用于建设现代知识型经济。

（4）把体育作为国家发展战略的一部分。卡塔尔人明白体育有能力把这个国家塑造成一个品牌。越来越多的体育比赛，不但提升了卡塔尔的国家知名度，更重要的是使国内的基础设施建设等硬件环境得到极大改善，相关的法律法规、医疗服务体系等软件环境也逐步完善。2006 年，卡塔尔成功举办第 15 届亚运会，这是亚洲历史上首次有 45 个亚洲国家和地区参加的比赛。2010 年，卡塔尔获得 2022 年世界杯举办权，这是阿拉伯国家第一次举办世界杯比赛。在国际足联宣布卡塔尔成为 2022 年世界杯举办国后的几个小时内，在谷歌上搜索卡塔尔的人数超过了 500 万——全世界的网民都希望知道这个世界杯历史上最令人意想不到的东道主是个什么样的国家。

（5）继续致力于经济开放政策。卡塔尔经济高度开放，是为数不多的对外国公司开放能源领域的产油国。2009 年，卡塔尔投资 3 亿多美元建成了第一个自由贸易区，吸引了大批大型跨国公司入驻。

在哈马德时代，卡塔尔开始实施积极主动的外交政策，被舆论称为“小国大外交”的典范。1996 年，卡塔尔允许以色列在多哈设立贸易办公室（直到 13 年后以色列入侵加沙才勒令关闭）；1997 年，卡塔尔成立“援助苏丹委员会”，开始积极参与调解地区冲突；“9·11”事件后，卡塔尔允许美国在其领土设立空军基地，与美建立盟友关系；与美国的地区敌手伊朗联系密切，签署防务合作协议。2001 年 11 月，卡塔尔成功举办世界贸易组织第四次部长级会议，并由此启动多哈回合贸易谈判。

哈马德当政期间，卡塔尔的软实力得到显著提升。2013 年 6 月，哈马德主动将王位传给儿子塔米姆·本·哈利法·阿勒萨尼。塔米姆上台后，在内政外交上基本沿袭了其父的政策，但与其父相比更关注国内问题。塔米姆当政后任命的内阁成员，多数从事国内和地方事务。尤为引人注目的是，塔米姆上任后撤换了从1992年就担任外交大臣的哈马德·本·贾西姆·阿勒萨尼，新任外交大臣哈利法·本·穆罕默德·阿里·阿提亚出身卡塔尔望族，2008～2011年曾担任国际合作部大臣；同时还撤换了2007年起担任首相的哈马德·本·贾西姆·本·贾柏·阿勒萨尼，据说其“将90%精力投注于外交”，而新任首相阿卜杜拉·本·纳赛尔·本·哈利法·阿勒萨尼，曾在特种部队、国内安全部队任职，2005年担任内政大臣，在打击极端势力方面成效卓然。两位内阁关键人物的任职经历表明，塔米姆更关注国内投资、本土安全和居民福祉。

随着2022年卡塔尔世界杯的临近，塔米姆决定将更多注意力放在国内改革和建设上。卡塔尔与主要油气公司共同开发能源领域，同时加大基建投入。卡塔尔2013/2014财年预算比2012/2013财年高17%，主要用于发展战略支出，如改造国家高速公路、完成哈马德国际机场建设（2014年4月启用）。卡塔尔成功申办2022年世界杯后，基础设施建设明显加快，基建项目资金超过2000亿美元。

塔米姆即位后谋求产业多样化，以摆脱卡塔尔经济对油气的依赖。根据《2030年国家愿景规划》，卡塔尔将成为制造业和金融服务业枢纽。在对外投资方面，考虑到欧元区经济发展迟缓，卡塔尔主权财富基金决定增加在亚洲国家的投资。

2011年中东剧变后，卡塔尔由于积极介入埃及革命、利比亚战争和叙利亚问题，引起了阿拉伯国家和民众的强烈不满。2014年3月，沙特、阿联酋、巴林等海湾国家同时撤回驻卡塔尔大使。迫于巨大的外交压力，塔米姆上台后采取了一系列举措改善同邻国关系：2014年9月，命令部分穆兄会领导人离开卡塔尔；宣布承认利比亚自由派主导的议会；宣布开通阿语电视频道AlAraby，以平抑半岛电视台的影响；支持美国空袭极端组织“伊斯兰国”；2014年11月9日，在多哈举办的第35届海合会峰会上表示“全力支持”埃及总统塞西，称卡塔尔支持的是“埃及人民，而非特定政党”，并继续向埃及提供石油。这些举措收到了一定效果。2014年11月，沙特等海湾三国大使返回卡塔尔；2015年2月1日，埃及宣布释放半岛电视新闻网记者。

2017年6月5日，巴林、沙特、阿联酋、埃及、也门、利比亚六国及南亚的马尔代夫、非洲的毛里求斯指责卡塔尔支持恐怖主义活动并破坏地区安全局势，分别宣布与卡塔尔断绝外交关系，造成中东地区近年来最严重的外交危机。

2019年1月，卡塔尔退出石油输出国组织（简称“欧佩克”）。卡塔尔是继伊朗、伊拉克、科威特、沙特和委内瑞拉等5个欧佩克创始成员国后，第一个加入该组织的国家，在欧佩克内部的地位较高。现在卡塔尔成为第一个退出该组织的中东国家，舆论认为卡塔尔与沙特的矛盾是其退出的核心原因。

塔米姆继位后重视对华关系，两次对中国进行国事访问。塔米姆对中国经济充满信心，是最早响应“一带一路”倡议的国家之一，愿同中方加强沟通协调，深化各个领域的合作。

第四节　著名历史人物

1. 穆罕默德·本·萨尼（1851～1878年在位）

穆罕默德·本·萨尼出生于卡塔尔北部的福韦里特，是萨尼·本·穆罕默德的儿子，是卡塔尔历史上最杰出的领导人之一。他喜欢文学，目光长远，为人慷慨。

19世纪60年代，卡塔尔半岛存在着许多独立的小酋长国，萨尼家族统治的小酋长国是其中之一。1860年前后，穆罕默德·本·萨尼继位并成为统治卡塔尔半岛的大酋长。从此奠定了萨尼家族在卡塔尔半岛的统治地位，开创了萨尼家族对卡塔尔的统治时代。

萨尼家族的统治从一开始就受到英国殖民主义者与奥斯曼帝国的干涉与威胁，面临“归属”问题，当时的酋长不得不与他们周旋。1868年，穆罕默德·本·萨尼与英国签订了一项关于海事和平的协议。根据协议，英国不再把卡塔尔看作巴林的属地。

2. 贾西姆·本·穆罕默德·本·萨尼（1878～1913 年在位）

1878 年，穆罕默德·本·萨尼去世，儿子贾西姆·本·穆罕默德·本·萨尼继位。贾西姆·本·穆罕默德·本·萨尼被称为杰出的军事家和骑士诗人，他豪爽仗义，是卡塔尔数次卫国战争的领导者。

贾西姆与其父亲政见不同，上台后积极发展同奥斯曼帝国的关系。贾西姆的行为招致了英国的嫉恨。英国以贾西姆参与海盗活动为名，强令他交罚款。1892 年，奥斯曼帝国巴士拉省省长也以调查卡塔尔参与在乌凯尔与哈萨路上抢劫的指控为名，派军队再次进占卡塔尔。在弟弟艾哈迈德·萨尼和当地居民的支持下，贾西姆最后打败了奥斯曼帝国军队。

1913 年，贾西姆·本·穆罕默德·本·萨尼去世，享年 88 岁，他是阿勒萨尼家族执政时间最长的统治者。

3. 阿卜杜拉·本·贾西姆·阿勒萨尼（1913～1949 年在位）

贾西姆·本·穆罕默德·本·萨尼去世后，儿子阿卜杜拉·本·贾西姆·阿勒萨尼继承了酋长之位，成为卡塔尔的第三任统治者。

阿卜杜拉笃信伊斯兰教，为人正直，知识渊博。他注重发展生产，使卡塔尔实现了经济上的繁荣和政治上的统一。

阿卜杜拉在位期间，奥斯曼帝国国力日衰，不得不同英国达成维持卡塔尔现状的谅解，英、土承认卡塔尔独立，划定了卡塔尔和哈萨之间的边界，土耳其军队从卡塔尔全部撤出。1916 年 11 月 3 日，阿卜杜拉与英国签署了《永久和平条约》，卡塔尔沦为英国的“保护国”。1934 年，卡塔尔与英国又缔结了新的条约，规定英国有权“监督”卡塔尔的外交事务，不经英国同意，卡塔尔不得出让、变卖、抵押自己的领土。

阿卜杜拉在位期间，卡塔尔开凿了第一口油井。

4. 阿里·本·阿卜杜拉·阿勒萨尼（1949～1960 年在位）

阿里·本·阿卜杜拉是卡塔尔的第四任统治者，为人谦逊，富有梦想，乐善好施。

阿里自幼酷爱读书，天资聪颖，擅长写诗，给后世留下了许多脍炙人口的作品，至今仍被卡塔尔和整个阿拉伯文学界所传颂。阿里出资建造了图书馆，收藏了他搜集的阿拉伯典籍珍本以及自己的文学作品。

阿里性格开朗，交游甚广，英国政府曾授予他“大英帝国爵士勋章”。在他统治期间，卡塔尔实行开采石油、富国强民和对外开放的政策。那时的卡塔尔大兴土木，建设新城，当地民众的生活得到了很大的改善，社会和经济发展都进入了一个崭新的历史阶段。

1960 年 10 月 24 日，阿里因健康状况不佳把政权移交给儿子艾哈迈德。

5. 艾哈迈德·本·阿里·阿勒萨尼（1960～1972 年在位）

艾哈迈德·本·阿里·阿勒萨尼是卡塔尔的第五任统治者，也是第一位被称作卡塔尔埃米尔的统治者。

在艾哈迈德统治期间，卡塔尔政局不稳。1963 年 4 月 19 日，卡塔尔发生总罢工。罢工者要求限制统治家族的特权，增加民众福利，成立市议会。1964 年 4 月，卡塔尔宣布实行紧急措施，政府承诺改善交通设施和给排水系统，并为本国居民提供住房。

1970 年 5 月，卡塔尔组建了首届内阁。随后，政府公布临时宪法，宣布成立协商会议，规定多数议员由选举产生。

6. 哈利法·本·哈马德·阿勒萨尼（1972～1995 年在位）

哈利法·本·哈马德·阿勒萨尼是卡塔尔的第六位统治者，也是卡塔尔第一所大学的创办者。

哈利法于 1932 年出生于卡塔尔的赖扬。他爱学习，有抱负，性格稳重，城府颇深。

在任王储期间，他曾在行政和司法领域担任许多职务，如第一个石油项目的安全负责人，民事法庭庭长，货币局局长，国家储备投资委员会主席，教育大臣，财政与石油大臣，外交大臣，国防大臣，等等。从 1970 年 5 月起，一直兼任内阁首相。1972 年 2 月 22 日，哈利法发动不流血政变，登上埃米尔之位。

哈利法通过在卡塔尔建立医院，以及钢铁厂、化肥厂、石化厂等新型产业开创了国家现代化建设的新纪元。在他统治期间，卡塔尔石油经济空前繁荣。1970 年，全国石油收入为 1.22 亿美元，1981 年高达 55 亿美元。1980 年，卡塔尔人均国民生产总值高达 28950 美元，居世界第一位。

卡塔尔独立后，哈利法修改了《临时宪法》。内阁人数从原来的 10 人增加到了 17 人，王族成员所占比例虽有所减少，但仍超过半数，国防、财政、石油、经济、贸易、内政、司法等重要部门均由王室成员掌控。

1977 年 5 月 31 日，哈利法颁布埃米尔令，任命自己的儿子哈马德·本·哈利法·阿勒萨尼为王储兼国防大臣、武装部队总司令。

7. 哈马德·本·哈利法·阿勒萨尼（1995～2013 年在位）

哈马德·本·哈利法·阿勒萨尼是卡塔尔现任埃米尔的父亲，也是卡塔尔历史上最杰出的领导人之一。在他的领导下，卡塔尔在阿拉伯世界以及全世界的影响力都不断扩大，实现了经济、社会和文化的全面复兴。

哈马德生于 1950 年，曾在英国桑赫斯特皇家军事学院接受教育。1971 年，哈马德以中校军衔进入卡塔尔武装部队。1972 年 2 月晋升为少将，任武装部队总司令。1977 年 5 月被立为王储兼国防大臣、武装部队总司令。他父亲哈利法在任期晚期经常前往国外度假，国内的日常事务均交由哈马德处理。

1995 年 6 月，哈马德趁他父亲在苏黎世度假之际，也上演了一场不流血的政变。哈利法试图夺回政权，但儿子雇用一家美国律师事务所冻结了父亲在世界各地的银行账户。

哈马德主张变革，渴望接受新鲜事物。他任命了一大批年轻的、受过西式教育的顾问，立志对这个极其传统的小国进行大刀阔斧的变革，希望利用巨额石油收入来推动卡塔尔的现代化进程，并重新塑造卡塔尔在国际上的形象。为此，哈马德采取了一系列重大举措，其中包括：出资建立后来名声大噪的“半岛电视台”，以阿拉伯语和英语播出；与美国结盟，允许美国中央司令部在卡塔尔建立中东地区最大的军事基地；积极参与地区和国际事务，提升卡塔尔在国际舞台的影响力。

1999 年 3 月，卡塔尔举行第一次市政选举，宣布赋予妇女选举权和竞选公职的权利，这在海湾国家中尚属首例。

2013 年 6 月 25 日，哈马德宣布把王位传给他与第二任妻子莫扎王妃所生的儿子塔米姆。外界对哈马德主动逊位做出了各种猜测。但是，不管何种原因，卡塔尔这次权力交接在海湾国家中创造了绝无仅有的案例。年仅 33 岁的塔米姆，就这样成为阿拉伯国家历史上年纪最轻的国家元首。

8. 塔米姆·本·哈马德·阿勒萨尼（2013 年至今）

现任卡塔尔国埃米尔塔米姆·本·哈马德·阿勒萨尼，出生于 1980 年 6 月 3 日。2003 年 8 月 5 日被立为王储，是哈马德的第四个儿子，他的母亲是大名鼎鼎的莫扎王妃。

塔米姆从小被送到英国读书，先后在舍伯恩学院、哈罗公学等校就读，成绩优异。和他父亲一样，塔米姆毕业于英国桑赫斯特皇家军事学院。

塔米姆高度重视发展卡塔尔的教育和体育事业。在阿拉伯国家中，卡塔尔被认为是人均受教育程度最高的国家之一。除了成功举办 2006 年的多哈亚运会，卡塔尔还将举办 2019 年的田径世锦赛和 2022 年的世界杯足球赛

在内政外交上，塔米姆在一定程度上延续了其父亲的做法。在大力开展国内建设的同时，塔米姆希望改变卡塔尔国民经济过度依赖石油和天然气出口的局面，决心实现卡塔尔经济多元化。他还采取多种措施，加大了与东南亚国家的合作力度。

第三章
政　　治

卡塔尔系君主立宪制国家。埃米尔为国家元首和武装部队最高司令，掌握国家最高权力，由19世纪中期即取得统治地位的阿勒萨尼（Al Thani）家族世袭。卡塔尔禁止任何政党活动，不允许任何政党存在。卡塔尔政局较稳定，对内进行适度政治、经济改革，着力推进国家现代化建设，对外积极参与地区热点问题的解决，在国际舞台上表现活跃。

第一节　国体与政体

卡塔尔为拥有独立主权的阿拉伯国家，实行君主立宪制。伊斯兰教为国教，伊斯兰教法是国家立法的主要依据。国家元首埃米尔在内阁和协商会议的协助下行使权力。宪法承认法官的独立性。

卡塔尔的国家政权为世袭制，由阿勒萨尼家族的男性继承人世袭。现任埃米尔是1980年出生的塔米姆·本·哈马德·阿勒萨尼。

一　埃米尔

埃米尔是国家元首，也是武装部队的最高指挥官。在国内外所有重大场合和国际关系中，埃米尔均代表国家。

“埃米尔”一词为阿拉伯语音译，原意为“受命的人”“掌权者”，原为伊斯兰教国家对上层统治者、王公、军事长官的称号，不同历史时期有着不同的含义，现为某些君主世袭制国家元首的称谓。

《卡塔尔国宪法》规定，埃米尔的主要职责有：在协商会议协助下制定国家总体方针政策；批准和颁布法律；在国家最高利益需要时召集并主持内阁会议；任免文职和军职官员；任免驻外使节；赦免罪犯或减刑；颁发民用和军用勋章；组建各大部委和其他政府机构并确定其职能；组建能够为国家高层决策提供参考建议的机构，并确定其职责范围；宪法和法律规定的其他职权。

埃米尔去世或因伤病无法行使职权时，王室家族委员会可决定解除其职务，但应由内阁和协商会议秘密商议后宣布并召王储接任埃米尔。“王室家族委员会”根据埃米尔令成立，委员会成员均由埃米尔任命。

二　王储

王储须由埃米尔指定。如埃米尔膝下无子，则从其家族中指定一位男性继承人为王储。王储须为穆斯林，或者其母亲须为卡塔尔国穆斯林。

王储获得任命后，须向埃米尔宣誓：“我以全能真主的名义起誓：尊重伊斯兰教法，遵守国家宪法和法律，保卫国家独立和领土完整，捍卫人民自由，维护人民利益。忠于祖国，忠于埃米尔。”

埃米尔出国或临时无法行使职权时，由王储代为行使职权。埃米尔可以颁布命令，将部分职权交给王储。王储可以出席并主持内阁会议。当王储无法完全行使其职权时，埃米尔可以颁布命令从家族的直系亲属里任命副埃米尔，并赋予其部分职权。一旦获得任命，无论以前在哪个部门任职，副埃米尔均要离开其原来的职位，全力以赴承担起副埃米尔的职责，并与王储一样向埃米尔宣誓。如王储在继任埃米尔时年龄不满18岁，“摄政委员会”将协助其行使职权。“摄政委员会”成员经“王室家族委员会”推荐由3～5人组成，委员会主席和大部分成员由“王室家族委员会”成员担任。

第二节　宪法

一　《临时宪法》

1970年4月2日，卡塔尔颁布了第一部宪法，即《临时宪法》，共5章77条。1972年卡塔尔对《临时宪法》进行了修改，规定在永久宪法产生并生效以前，《临时宪法》一直有效。修改后的《临时宪法》确定了国家政策宗旨及目标，明确了卡塔尔的阿拉伯属性及伊斯兰属性：卡塔尔是独立的阿拉伯主权国家，国教为伊斯兰教；官方语言为阿拉伯语；埃米尔为国家元首，王位由阿勒萨尼家族世袭；埃米尔拥有最高权力，一切法令由埃米尔颁布；内阁会议是最高行政机关，协助埃米尔行使职权，首相由副埃米尔出任。

卡塔尔实行民主制度。内阁会议成员由埃米尔任命。协商会议通过表达意见的方式协助埃米尔和内阁会议行使其权力。审判机关包括伊斯兰教法法院、民事法院、刑事法院、劳工法院和上诉法院。法官独立行使职权，不受任何党派约束。

之后，卡塔尔相继颁布了《司法》《民法》《商事法》等国家基本法，为国家机构建设和国家法制建设打下了基础。

随着时代的变迁，1972年修改的《临时宪法》已经难以适应时代的发展。1999年7月13日，卡塔尔埃米尔哈马德·本·哈利法·阿勒萨尼宣布组建《国家永久宪法》筹备委员会，由此开启了卡塔尔近代史上一个新的历史阶段。

二　《卡塔尔国宪法》

经过三年多的筹备，卡塔尔《国家永久宪法（草案）》终于准备就绪。2003年4月29日，卡塔尔举行全民公决，以96.6%的赞成票通过了《国家永久宪法（草案）》。2005年6月7日，《国家永久宪法》即《卡塔尔国宪法》正式生效。

《卡塔尔国宪法》共5章150条，除了保留《临时宪法》的大部分内容外，主要增加了关于公民权利和义务、言论自由、新闻自由、宗教自由等方面的内容。

《卡塔尔国宪法》规定：保障公民人身自由和机会平等，保护私有财产；公民享有同等的权利和义务，禁止驱逐公民出国或阻止其回国；为言论自由创造合适的氛围，扩大新闻出版自由度，保障宗教信仰自由；人民是立法和权利之源；在权利分离和合作的基础上建立政府机构；协商会议具有立法权，埃米尔在内阁的协助下行使执法权，解释权归内阁；司法权归法院，法院以埃米尔的名义发布判决书；等等。

第三节　选举制度

卡塔尔依法将全国分为十个选区，每个选区选出四名候选人，由埃米尔指定其中两人为出席协商会议的选区代表。

《卡塔尔国宪法》规定：参加协商会议选举的候选人须为卡塔尔国本土公民，报名参选时年龄应不小于30岁，且须具备阿拉伯语读写能力；未被宣布为品行不端，或已依法恢复名誉。

协商会议每届4年。新一届协商会议的选举在本届任期结束前90天内进行。一届协商会议选举结束后议员可以继续参加下一届协商会议的选举。协商会议选举是否有效由法律指定的司法机关裁定。通过选举产生的议员，如因辞职或其他缘由导致议员缺额时应在通知协商会议后两个月内补选；由埃米尔直接任命的议员职位出现空缺，应由埃米尔任命新议员。以上两种情况补缺的议员都应完成缺额议员未完成的任期。

第四节　政府

一　内阁的组成

内阁由首相及各部委大臣组成。首相和其他大臣可以受命担任一个或多个部委的职务。首相为内阁长官、政府首脑，由埃米尔任命；内阁成员亦由埃米尔根据首相的推荐任命。

内阁各部委的组成由首相提出，埃米尔批准；大臣的权限、各部委和其他政府机构的职能均依照法律确定。首相负责主持内阁会议，协调各部委之间的工作，统一政府机构的管理和资源整合。

内阁通过的决议由首相或副首相签署发布。凡是内阁会议遵照埃米尔令颁布的各项决定，均应提交埃米尔批准。

二　内阁的职能

内阁作为卡塔尔的最高行政机构，负责管理国家所有的对内和对外事务，制定和实施国家总体政策。

内阁的主要职能：负责起草法律和法令草案，提交协商会议讨论，并交埃米尔批准；审批各部委制定的相关条例；监督法律条文的实施和法院判决结果的执行情况；根据《最高监督法》组建政府机构和公共机构，按相关财务制度和行政制度进行运作；不属于埃米尔或内阁大臣职责范围的官员任免，均由内阁负责；制定确保国内安全、维护国内秩序的条例；按照宪法和法律规定，管理国家财政，起草总预算；审批经济项目和实施方案；依法监督维护国家利益、处理国际关系和外交事务的方案的实施；在每个财政年度开始时起草报告，详细介绍与国家全面复兴计划有关的、在内政外交领域所完成的各大事项，提交埃米尔批准；国家宪法或法律赋予的任何其他职能。

三　卡塔尔现任内阁成员名单

表 3－1　卡塔尔现任内阁成员名单

序号	职务	姓名
1	首相兼内政部长	阿卜杜拉・本・纳赛尔・本・哈利法・阿勒萨尼
2	副首相兼国防事务大臣	哈立德・本・穆罕默德・阿提亚
3	副首相兼外交大臣	穆罕默德・本・阿卜杜拉赫曼・阿勒萨尼
4	能源工业大臣	穆罕默德・萨利赫・阿卜杜拉・萨达
5	财政大臣	阿里・谢里夫・埃马迪

续表

序号	职务	姓名
6	宗教基金和伊斯兰事务大臣	凯斯·本·穆巴拉克·库瓦里
7	文化体育大臣	萨拉赫·本·加尼姆·纳赛尔·阿勒阿里
8	经济贸易大臣	艾哈迈德·本·贾西姆·本·穆罕默德·阿勒萨尼
9	司法大臣兼代理内阁事务国务大臣	哈桑·拉赫丹·穆赫纳迪
10	行政发展、劳动与社会事务大臣	伊萨·萨阿德·贾法里·纳伊米
11	发展规划与统计大臣	萨利赫·穆罕默德·萨利姆·纳比特
12	教育和高教大臣	穆罕默德·阿卜杜瓦哈德·阿里·哈马迪
13	交通与通信大臣	贾西姆·本·塞义夫·苏莱提
14	市政与环境大臣	穆罕默德·本·阿卜杜拉·鲁梅黑
15	公共卫生大臣	哈楠·穆罕默德·库瓦里(女)

注：2018 年 4 月更新。

资料来源：笔者根据网络资料翻译整理。

2018 年 11 月 4 日，卡塔尔埃米尔发布命令改组内阁，对部分内阁成员和机构进行了调整。任命了新的司法大臣、市政与环境大臣、贸易和工业大臣、能源国务大臣，以及行政发展、劳动与社会事务大臣。此外，本次内阁改组还撤销了原来的能源和工业部，并将原来的贸易和经济部更名为贸易和工业部。

第五节　立法机构

一　协商会议简介

卡塔尔实行君主立宪制度。《卡塔尔国宪法》规定：卡塔尔政治体制主要包括议会、中央政府、地方政府及司法机构。

卡塔尔议会，也就是协商会议，成立于 1972 年，是卡塔尔的立法机构。协商会议由 45 名成员组成，其中 30 人通过普选产生，另外 15 人由埃米尔从内阁成员或其他人员中任命。议员资格因其辞职或被罢免而终止。

自1972年成立以来，协商会议一直为国家重大政治决策提供咨询和参考意见，协助国家元首埃米尔行使统治权力，治理国家，审议立法和向内阁提出政策建议。

协商会议下设四个专门委员会和一个秘书处，四个委员会分别为立法委员会、财经委员会、公共服务委员会和内政外交委员会，专门负责立法、财经、教育、经济、医疗、基础建设、内政外交等领域的研究。

内阁负责制定的所有法律、法令及相关提案，在提交埃米尔批准并颁布前，须经协商委员会讨论通过，协商委员会成员有权对内阁大臣提出质询。协商委员会可以根据宪法的规定对行政权力进行监督，但不得干预司法工作。

二 协商会议的主要职能

协商会议掌管立法权，负责批准国家总预算方案，并按照宪法规定对行政机关实施监督；讨论由内阁提交的法律、法令草案和涉及国家政治、经济和行政领域的总的方针政策；讨论由协商会议自行拟定或是由内阁提交的涉及国家社会和文化领域的事项；审议重大公共工程项目预算；审议议会预算决算草案；根据协商会议自行拟定的方案或根据内阁建议，关注国家在各领域的活动及其所取得的成就；要求内阁大臣就其职责范围内某一事项进行说明；对内阁大臣提出质询；在公共事务方面对政府提出期望和要求。

协商会议制度分为年度常务会议和特别会议。协商会议年度常务会议一般于每年10月召开，埃米尔或其代表主持协商会议常务会议开幕式，并发表国情咨文。必要时，或应大多数议员要求，埃米尔可颁布法令召集议员召开协商会议特别会议。

第六节 司法机构

《卡塔尔国宪法》规定：法治是治理国家的基础，司法诚信、法官公正廉洁是整个社会自由和权利的保障。

2003 年卡塔尔颁布《司法权法》，对法院如何履行职责做了详细规定。卡塔尔承认司法和法官的独立性，规定不能随意罢免法官，司法独立和司法公正不受任何干涉。

一　法院

卡塔尔法院由最高上诉法院、上诉法院和初审法院组成，每个法院都有权裁定法律所规定的事项。初审法院可以根据最高司法委员会的决定在其他城市设立分庭。

二　最高司法委员会

最高司法委员会成立于 1999 年，旨在确保司法独立，有权对与司法有关的问题发表意见，有权就司法制度的发展、法官的晋升、调动、借用、退休等立法问题进行研究并提出看法。

三　检察院

检察院负责提起公诉，实施法律监督，确保刑法适用。法律规定检察机关的职权范围、履职人员的条件和保障。

第七节　防务

一　军队概况

卡塔尔武装部队成立于 1971 年，由陆海空三军组成，包括陆军、海军、空军、防空部队、军警、特种部队等兵种，埃米尔是最高指挥官。

卡塔尔采取自愿兵役制，年满 15 ~ 49 岁的男性公民都可以应召入伍，每年约有 6400 人符合入伍条件。根据 2017 年统计，卡塔尔义务兵役人员共 36000 人，其中陆军 19000 人，海军 4000 人，空军 4000 人，王室卫队 7500 人，安全部队 1500 人；预备役人员 14500 人。

卡塔尔陆军装备有 AMX－30 型主战坦克、德国的豹 2A7 主战坦克、步兵装甲车、155 毫米自行火炮和其他火炮，其中最先进的是购自德国的 PZH2000 型自行火炮。

卡塔尔空军装备有幻影 2000 战斗机、阿尔法轻型攻击机、武装直升机，其中最先进的是 AH－64E“长弓阿帕奇”武装直升机。另外，卡塔尔空军还拥有 3 架韩国产 E737 预警机以及 2 架 A330 改造的大型加油机，值得一提的是，预警机和大型加油机是一个大国空军的标志。

卡塔尔空军下辖的防空部队编制为 11 个连，防空装备全部为美制爱国者 3 防空导弹。

卡塔尔海上防卫力量由海军和海上警察部队共同组成。卡塔尔海军目前拥有“巴尔赞”级导弹巡逻艇，“打姆萨”级导弹巡逻艇。2016 年，卡塔尔花费 56 亿美元，向意大利订购了 7 艘军舰，包括 4 艘轻型护卫舰、2 艘导弹巡逻艇。

二　对外军事合作

由于本土国防工业不发达，卡塔尔长期依靠国外的原始设备制造商增强国防能力。1994 年 8 月，卡塔尔与法国签署了防务协议，进口了 12 架幻影 2000 战斗机；之后又与美国和英国签订了防务协议。1999～2000 年，卡塔尔军费开支为 8.16 亿美元，2005 年增加到 29.1 亿美元，2015 年达 193 亿美元。2012～2016 年，卡塔尔 68% 的武器装备是从美国进口的，其中进口最多的是飞机，其次是导弹系统和装甲车。此外，卡塔尔还从英国、法国、土耳其、德国、俄罗斯、意大利、韩国、中国等国家进口武器装备。

由于卡塔尔战略位置极其重要，美军除了向卡塔尔出口武器外，还在卡塔尔设有两个军事基地，分别是位于多哈附近的乌代德空军基地和埃斯萨里亚陆军基地，这两个军事基地都是美军在中东地区的重要军事基地。美军在这两个军事基地部署了大量地面作战部队和战斗机，乌代德空军基地甚至还部署了 B－1B 战略轰炸机。

在沙特等国与卡塔尔断交引发海湾危机后，卡塔尔加快了军购步伐。2017 年 6 月，卡塔尔和美国签订购买 F－15 战斗机合同，总金额达 120 亿美元。12 月 7 日，卡塔尔与法国签订军购大单，卡塔尔将向法国购买 12 架“阵风”战斗机和 490 辆装甲车。

第四章

经　济

第一节　经济概况

在卡塔尔半岛上，当地居民已经维持了数千年的生产活动。在前期的大部分时间，仅有一些游牧部落在这里短期居住，还有一些部落沿海岸线定居，主要从事捕鱼和珍珠采集。

在波斯人统治期间，卡塔尔西部开始兴建渔港和配套设施。公元224年萨珊王朝完全控制了环波斯湾，卡塔尔在萨珊王朝的环波斯湾经济中发挥了重要作用，不仅为波斯帝国提供了大量渔产品，而且提供了被誉为“白金”的珍珠以及紫色染料。

阿拉伯帝国垄断东西方贸易通道后，在陆上，卡塔尔成为阿拉伯世界的马匹与骆驼养殖中心；在海上，卡塔尔则是一个重要的贸易中转站，从伊拉克巴士拉港出发前往印度与中国的商船时常停靠这里，中国的瓷器、西非的金币等在此集散。

1521年葡萄牙殖民者控制了巴林与卡塔尔。葡萄牙人继续将卡塔尔作为海上贸易中转站。葡萄牙通过卡塔尔集散金银、丝绸、马匹与珍珠等，将其打造为印度洋贸易的一环。

1882年英国入侵卡塔尔。英国最初想占据卡塔尔和波斯湾，把这里作为殖民印度的中途落脚点。20世纪初期，石油和天然气的发现，成为英国占领卡塔尔的又一个理由。1916年11月3日，卡塔尔沦为英国的“保护国”。

在发现石油之前，卡塔尔经济以渔业和珍珠养殖业为主。20 世纪 20 年代，日本人工养殖珍珠获得了成功，日本珍珠开始占据国际市场，这使卡塔尔经济一度陷入困境。直到 1939 年卡塔尔在半岛西部的杜汉地区发现了石油资源，整个国家的经济状况才有所改观。10 年后，卡塔尔开始出口第一桶石油。20 世纪 60 年代初，卡塔尔又发现了海上油田，并在 1965 年实现出口。卡塔尔将石油作为发展经济的突破口，不断加大对石油及其相关产业的投入。凭借石油带来的巨大收益，卡塔尔经济开始真正崛起。

1971 年，荷兰皇家/壳牌集团（Royal Dutch/Shell Group of Companies）在卡塔尔沿海勘探石油时发现了现在的北方气田。当时由于国际市场上石油生意繁荣，油价快速上涨，石油美元剧增，而天然气则面临较长的生产周期和巨额成本等高风险，因此为了保障石油工业的复兴和开发新油藏，天然气的开发被暂时搁置。直到 1997 年卡塔尔才开始出口天然气。卡塔尔意欲通过增加天然气出口来改变能源出口结构，以此减少对石油出口的依赖。

从 20 世纪 90 年代后期到 21 世纪初期，卡塔尔开始大力投资开发天然气，将其作为经济发展的重中之重。2006 年，卡塔尔出口液化天然气 2500 万吨，一跃成为世界第一大液化天然气出口国。2012 年，卡塔尔更是包揽了全球 1/3 的液化天然气市场。天然气产业是卡塔尔经济的支柱性产业之一，对卡塔尔国内生产总值（GDP）的贡献超过了 1/3，成为卡塔尔国民经济腾飞的又一引擎。

2008 年国际金融危机的爆发以及石油价格的波动，使卡塔尔政府意识到加快推进经济多元化战略的重要性和必要性。2008 年，卡塔尔批准了《2030 年国家愿景规划》，确定未来卡塔尔经济发展目标是以非能源产业取代传统能源产业，使非能源产业成为带动国民经济增长的主要力量，同时大力发展港口运输、航空运输、金融、房地产、旅游、通信等服务业以及加工制造业，实现经济多元化发展，注重吸引外资和技术，并鼓励发展农业。

1994 年卡塔尔成为关贸总协定第 121 个成员，1995 年成为世界贸易组织成员。据世界经济论坛（WEF）发布的《2011～2012年全球竞争力报告》，卡塔尔全球竞争力居阿拉伯国家及中东国家首位。2012年美国《福布斯》杂志公布的全球最富国家和地区排行榜中，卡塔尔居第1位，人均GDP为94409美元。

表4-1　2011～2015年卡塔尔宏观经济指标

年份	GDP总量(亿美元,现值)	人口(万人)	GDP增长率(%)	人均GDP(美元)
2011	1698.05	190.54	13.375	89118
2012	1902.90	201.56	4.88	94409
2013	2018.85	210.13	4.582	96076
2014	2101.09	217.21	4.07	96730
2015	1669.08	223.54	3.86	74666

资料来源：笔者根据世界银行统计数据和《2016年全球经济展望》数据测算。

2015年，卡塔尔在瑞士洛桑国际管理学院（IMD）公布的《世界竞争力年度报告》中居第13位（2013年曾排第10位）。在报告评估的经济表现、政府效率、企业效率和基础设施等四大类指标中，卡塔尔经济表现位居第2位，政府效率居第4位，企业效率居第11位，基础设施居第47位。2018年卡塔尔的全球竞争力位居第19位，其中，在全球范围内低水平通货膨胀率排第1位，商业竞争不受税收影响排第6位，风险资本可用性排第8位，中小企业融资排第9位，道路质量指数排第14位。

2017年，尽管面临地区局势的挑战，卡塔尔GDP仍然增长了1.6%。其中对外贸易额增长了16%，出口额增长了18%，这与卡塔尔近年来推行的经济多样化战略密不可分。据2017年世界银行的数据，卡塔尔的人均GDP超过12万美元，位居世界第一。虽然受“断交风波”的影响，但卡塔尔政府对国民经济的增长仍抱乐观态度，认为卡塔尔的经济增长潜力可期。2018年，卡塔尔的经济增长率为2.3%。根据世界银行的预估，2019年、2020年，卡塔尔的经济增长率将分别达2.7%和3%。

第二节　农业

一　21 世纪以前的农业状况

卡塔尔国土面积为 11521 平方公里，全境多岩石戈壁与沙漠，属热带沙漠气候，无内陆湖泊河流，降水稀少，发展农业的先天条件极为有限。在发现石油之前，卡塔尔的传统农业生产规模小，人们主要靠放牧、捕鱼和采集珍珠为生。

1960～1970 年，卡塔尔农业开始渐渐发展起来，农场数量迅速增长，达到 411 个。拥有土地或农业资产的卡塔尔人进入政府部门工作，他们雇用来自伊朗、巴基斯坦和其他阿拉伯国家的人管理自己的农场。与此同时，政府也开始试点经营国营农场，并向全国推广。1981 年，国营农场达 700 个，年产蔬菜 1.8 万吨。

1990 年，在卡塔尔耕种的土地中，48% 的面积种植蔬菜，产量约 23000 吨；33% 的面积种植果树，水果产量约 8000 吨；11% 的面积种植饲料作物，饲料产量约 70000 吨；8% 的面积种植谷物，产量约 3000 吨。同年，卡塔尔约有 128000 只绵羊，78000 只山羊，24000 头鹿，10000 头牛和 1000 匹马，另有奶牛场以及 2000 只家禽，这些家禽所产的蛋仅能满足当地人 20% 的需求。尽管卡塔尔政府不断鼓励发展农业和渔业，但农业和渔业的收入在 1989 年只占国内生产总值的 1%。

二　农业现状和发展方向

卡塔尔政府重视农业发展，把发展农业作为卡塔尔经济发展的关键组成部分。政府对农民提供补助，支持投资农业领域，努力消除阻碍农业横向发展的自然障碍。

卡塔尔在农业领域的举措主要包括：发展现代灌溉系统，提高农业生产质量，引进现代农业科学技术，改进保护性农业和密集型农业生产工艺，促进农业生产模式多样化，加强农业管理指导，建立农业监管机制，等等。

通过上述举措卡塔尔在农业领域取得了很大成就：实行了农业普查，设计并建立了现代灌溉网络，建立了良好的地下水监测系统，发展了苗圃，保护了绿地和树木，等等。

截至 2013 年，卡塔尔全国可耕地面积为 2.8 万公顷，占国土面积的 5.7%，已耕地 7000 公顷。卡塔尔共有农业人口 1.6 万人，人均耕地 0.09 亩。卡塔尔在农业发展过程中面临高温干旱、土壤贫瘠、地下水资源匮乏和农业生产面临污染等问题。一些地区因地下水迅速枯竭，土地盐碱度高，只好种植耐盐碱作物。为了解决地下水耗竭问题，卡塔尔政府扩大了废水利用规模，将经处理的废水用于农业灌溉。

基于有限的自然环境和气候条件，卡塔尔农牧产品一直无法实现自给自足，粮食、蔬菜、水果、肉蛋奶等主要依赖进口，但鱼虾类海产品可基本满足国内需求。

据美国的全球经济指标数据网援引的联合国商品贸易统计数据库数据，2015 年卡塔尔的肉类、可食用肉制品进口总额为 4.6273 亿美元，占当年总进口额的 1.4%。奶制品、蛋类、蜂蜜、可食用商品进口总额为 4.036 亿美元，占当年总进口额的 1.2%。卡塔尔 85% 的食品依赖进口，每年在进口食品上的花费约为 110 亿美元。卡塔尔政府想努力改变这种状况，计划到 2024 年卡塔尔的食品自给率达到 40%。

为了实现粮食自给，卡塔尔政府采取了一系列鼓励发展农业的措施，包括免费或低价向农民提供种子，特别是抗干旱、耐高温的杂交良种，提供化肥、农药和农业机械，扩大耕地面积，等等。政府还发放无息贷款，举办农业技术培训班，推广先进耕种技术，鼓励投资者发展农业项目。

无土栽培技术在卡塔尔广受欢迎，可用于种植番茄、辣椒、黄瓜、茄子、莴苣、草莓、哈密瓜等作物。实验证明，用普通的栽培方法在 36 平方米的土地上可以种植 1300 多株植物，采用无土栽培法则可种植约 8000 株植物。与传统农业相比，使用无土栽培技术可使农产品产量增加 5 倍多，用水量则可以减少约 70%。

卡塔尔要实现粮食和食品自给，除上面提到的缺少耕地和水资源、气候炎热等困难外，还面临缺乏人才和劳动力的状况。本地大学毕业生选择农业、林业、渔业和畜牧业者极少，从事耕种农作物者就更少。为了解决这个难题，卡塔尔政府决定从国外引进农业人才和劳务人员，并用高工资和增加休息时间等条件吸引他们。除此之外，政府还开始租用其他国家的土地，利用当地廉价的水、劳动力和其他各种资源，采用优质高产良种和先进农业技术，为卡塔尔生产所需要的农产品。此举不但大大降低了生产成本，而且还使农作物的质量和产量得到了大幅度提高。

三 "苏来提"农场

2003年，一位名叫邹士国的中国人从山东菏泽来到卡塔尔，在多哈市北20公里处约600多亩的沙土地上开始创业，创办了一个名叫"苏来提"的农场。

邹士国在国内长期从事农业技术推广工作。来到卡塔尔后，他根据当地气候干旱少雨的特点，以及土壤含盐量高的实际情况，对蔬菜种植技术进行了调整，包括筛选抗热抗病优良品种，增施有机肥，起垄，覆盖地膜，按配方施肥，实行滴灌，等等。

如今，"苏来提"农场成了远近知名的绿叶蔬菜和水果基地。他种植的甜玉米、西红柿、黄瓜、茄子、柿子椒、西兰花、扁豆、西葫芦等蔬菜，每天源源不断地被送往卡塔尔各大超市。农场的蔬菜年产值也从刚开始的20多万卡塔尔里亚尔跃升到现在的120多万里亚尔。特别是在中国很普通的大白菜，在卡塔尔能卖到每斤20多元人民币。

卡塔尔农业部门负责人表示，非常希望与中国加大农业领域的合作，欢迎像邹士国这样的农业专家前往卡塔尔，帮助当地发展农业，丰富卡塔尔人的菜篮子。

第三节 工业

一 工业概况

卡塔尔是依靠能源发展起来的国家，其工业发展进程与石油天然气的开发利用息息相关。石油、天然气产业以及与之相关的石化产业是卡塔尔国民经济的支柱产业，长期占 GDP 的 50% 以上。

在发现石油之前，卡塔尔半岛的居民主要以捕鱼和采集珍珠为生。1916 年英国以正式条约的形式宣布卡塔尔为其“保护国”，在此之前，英国人已在卡塔尔勘察出了大量石油。1939 年卡塔尔西部发现杜汉油田，1949 年卡塔尔出口的第一桶原油从梅赛义德港输出。

1971 年，卡塔尔实现主权独立，并在 3 年后成立卡塔尔石油总公司，通过不断扩大在本国石油石化企业中的参股比例，逐步完成了石油工业的国有化。

由于有了石油，短时间内卡塔尔在经济领域特别是工业领域取得了重大进展。卡塔尔充分利用石油收入为石油、天然气产业及其他基础产业奠定了坚实的基础，并建立了能够为整个民族产业服务并满足其未来需求的先进基础设施。

卡塔尔已探明石油（含凝析油）储量达 262 亿万桶，居世界第 13 位；天然气储量达 910 万亿立方英尺（约 25.8 万亿立方米），占世界天然气储量的 15.3%，仅次于俄罗斯和伊朗，居世界第 3 位。

卡塔尔主要工业部门是石油、天然气部门以及与之相关的工业部门，其中包括炼油厂、石化工厂、化肥厂、钢铁厂和水泥厂等。除此之外，卡塔尔还建立了一些造纸厂、洗涤剂厂、颜料厂、食品厂和塑料厂等。卡塔尔主要工业产品有液化天然气、原油产品和精炼油、石化产品、氨水、化肥、钢筋、水泥等。

除卡塔尔本国的主要石化企业外，英国的 BP 公司、美国的 Exxon 公司、法国的道达尔公司（Total）等在卡塔尔合资设厂，参与卡塔尔石油和天然气的开发。

近年来，卡塔尔政府大力投资开发天然气，制定了开发天然气的中长期发展规划。由于基础设施完备、生产成本低廉、地理位置优越，卡塔尔已连续 10 年保持全球最大液化天然气出口国地位。2016 年，卡塔尔液化天然气出口占全球总出口量的近 30%。

2017 年 6 月海湾危机爆发后，卡塔尔不断实行天然气增产计划，预计到2024年液化天然气产量将提高到1亿吨/年。卡塔尔现有14条液化天然气生产线，在升级改造完成后，整体年生产能力将提高1200万吨。

卡塔尔于1961年加入“石油输出国组织”（简称欧佩克），是欧佩克内的第11大石油生产国，2018年其原油和凝析油的产量之和约为100万桶/天，占该组织总产量的不到2%。2018年12月3日，卡塔尔宣布于2019年1月1日起正式退出欧佩克，称此举是为了维护和夯实其全球最大液化天然气出口国地位。

二　工业布局

为了实现民族经济多元化，自20世纪70年代起卡塔尔就开始大力扶植本国民族工业。1973年，卡塔尔建立了工业发展技术中心，专门研究工业生产发展进程，制订发展计划，提供必要的技术力量。在工业管理方面，卡塔尔采取免征税或少征税的政策，吸引国内外投资，取得了良好的经济效益。

1980年卡塔尔《工业条例》颁布，卡塔尔工业发展由此发生重大变化。该条例包括许多激励民族工业投资者的措施，号召他们建立强有力的工业生产基地；鼓励经营进口工业产品，使国民收入来源多样化；增加本国工业部门对国内生产总值的贡献，以实现均衡的经济增长。为了减少国家对石油出口的依赖，卡塔尔在制定经济发展规划时注重制造业的发展，较早建成了生产乙烯、化肥、钢铁和水泥的企业。为了满足国内市场的需求，卡塔尔政府也鼓励轻工业和食品工业的发展。

80年代后期，卡塔尔成立了工业发展中心，近期目标是致力于发展多种工业、扩大炼油制品的出口；远期目标是大力发展天然气工业，以天然气出口替代石油出口。

自90年代以来，卡塔尔以天然气生产和出口作为能源发展战略的核心。为了建设大型液化天然气项目，政府积极组建合资合营企业，引进外国资本和先进技术，大力兴建出口配套设施，广拓销售市场。天然气的生产和出口促进了卡塔尔国民经济的高速发展。

2015年，卡塔尔油气产业（不含化工制造业）占GDP比重从2014年的49%下降至36%。服务业、建筑业、制造业占GDP比重分别增至

43.6%、14.5%和8.6%。但在中短期内，卡塔尔经济多元化政策仍需要依靠能源收入（主要是天然气）来保障政府主导的投资规划。

根据《2030年国家愿景规划》和《2011~2016年卡塔尔国家发展战略》的目标，卡塔尔制定了《国家制造业发展战略》，目的是通过最大限度、最高效率地利用当地资源，对促进和支持国家工业发展的工作进行合理规划，从而实现目标。

工业战略的目标是通过继续发展和支持新的油气工业和其他工业，将制造业对国民总收入的贡献从2016年的9.5%提高到2022年的13%。

该战略还侧重于食品工业、知识产业、环保产业和制药业。

加速发展中小实体企业也是卡塔尔振兴工业、实现经济多元化战略的主要目标之一。截至2016年底，卡塔尔共注册工厂707家，是2000年334家的两倍多，从业人员88600人。其中，260家正在从事生产，其余工厂处于筹备阶段。

三 工业部门

从国内生产总值构成来看，卡塔尔支柱产业是石油、天然气产业以及与之相关的石化产业，长期占卡塔尔GDP的50%以上。但卡塔尔经济已逐渐由单一油气经济向多元化发展。随着卡塔尔大力发展非油气经济，推行经济多元化战略，2014年底卡塔尔非油气产业的产值首次超过油气产业，占GDP的50.7%。采矿和采石业占卡塔尔GDP的比重虽然有所降低，但仍然是卡塔尔重要的产业部门。2011年采矿和采石业的产值约占卡塔尔GDP的45%，2015年约占GDP的42.3%。建筑业、制造业、交通运输业和通信业在卡塔尔工业发展进程中也起着越来越重要的作用。

第四节 商业和服务业

一 商业、服务业概况

与其他著名的国际大都市相比，卡塔尔的商业和服务业还处于发展阶段，物价相对较高，交通设施、休闲娱乐设施等还有待完善。

卡塔尔本地人多在政府机构、银行和博物馆等部门任职，服务业从业人员如厨师、餐厅服务员、商场售货员、出租车司机、门卫、保安等主要来自印度、斯里兰卡、尼泊尔、孟加拉国、巴基斯坦、菲律宾、埃及等国。卡塔尔人曾开玩笑说，如果餐馆里所有的菲律宾服务员罢工，多哈80%的餐馆会立刻停业。

1. 交通

卡塔尔是世界上最富裕的国家之一，汽车非常便宜，油价极低，所以人们出行大多选择私家车。由于很少有人乘坐公共交通，卡塔尔公共交通比较匮乏，目前只有一些不定时发车的巴士。地铁和轻轨正在建设中，预计 2022 年卡塔尔世界杯期间开始使用这些便捷的交通方式。卡塔尔的出租车费用较高，游客出行除了选择出租车，还可以通过 Uber（全球即时用车软件）打车，或者选择租车自驾。卡塔尔车道较宽，只要遵守基本规则，不容易违规。

在多哈打车单程一般约合 50 元人民币；公共大巴一日通票折合人民币不到 40 元。在哈马德机场行李转盘附近有售票处。卡塔尔支持中国大陆驾照取车，只需提前对驾照翻译认证即可。

2. 餐饮

在多哈有各式各样的餐厅，其中包括 Gordon Ramsay，Wolfgang Puck 等米其林星级厨师的餐厅和五六家中餐厅。

3. 购物

多哈市中心建有不少大型现代化商场，商店的营业时间从上午 10 点开始到晚上 10 点。多哈市内的一些大型商场可以用 Visa 和万事达卡，暂时不接受银联卡。

卡塔尔全境免税，很多品牌价格比较有吸引力。每年有两次大规模打折，一次是夏季 6～7 月，另一次是冬季 12 月到次年 1 月。每年的 1 月份是著名的卡塔尔购物节，不但各大商场促销力度大，而且酒店也会有很多优惠套餐。

卡塔尔著名大商场如下。

维拉吉购物中心（Villaggio Shopping Mall） 维拉吉购物中心是多哈著名的豪华购物商场，汇集了众多国际奢侈大牌、新锐品牌以及全新概念潮店，仿照拉斯维加斯娱乐场所修建，购物中心内部有一条人工河，上面有仿贡多拉的小船行驶，与澳门“威尼斯人”、新加坡滨海湾金沙购物广场（The Shoppes at Marina Bay Sands）相仿。维拉吉购物中心当年为亚运会专门建造，是全球顶级购物中心之一。位于哈利法体育场旁，距离多哈市中心约 20 分钟车程。

卡塔尔商城（Mall of Qatar） 卡塔尔商城由卡塔尔国民银行投资，于 2016 年 8 月正式开业，共上下三层，总建筑面积达 50 万平方米。里边设有豪华的大型旋转舞台，绿色景观以及水景，静态的植物与动态的水景相得益彰，构成了商城独特的景观。这是一家集购物、娱乐于一体的综合商城，有世界级品牌店，也有如家乐福这样的大型超市，还可以欣赏娱乐表演。

多哈节日城（Doha Festival City Mall） 多哈节日城是一座占地 60 万平方米的综合商城，造价 18 亿美元，于 2017 年 4 月开业。该商城拥有 2.4 万平方米的可租赁空间，是卡塔尔迄今为止最大的商业购物中心。世界上第一座“愤怒的小鸟”主题公园就在该商城内部。

哈马德国际机场中央免税购物区 哈马德机场中央免税购物区拥有 60 多家商城，售卖的货品包括奢侈品、电子产品、时尚服饰、化妆品及珠宝首饰。不少商店有中文招贴，以吸引购买力强劲的中国游客。机场有 ATM 机可以取款。

4. 酒店

卡塔尔拥有许多世界一流的奢华酒店，也有比较亲民的三星级、四星级酒店。三星级酒店价格折合人民币平均 576 元，四星级平均 699 元，五星级平均 1251 元。价格因季节不同有所浮动。据酒店业内人士评价，卡塔尔的奢华酒店如四季酒店、火炬酒店、瑞吉酒店、W 酒店、丽思卡尔顿酒店等性价比高。

二 电子商务的兴起

卡塔尔的电子商务正处于起步阶段。目前 65% 的电商交易通过国际网站进行，而电商业务主要由服务业主导，如机票预订、酒店预订、清洁和其他服务。电商零售业还不发达，但正在增长且前景不错。据卡塔尔交通运输部的一位高官透露，卡塔尔的电商市场预计在未来几年内将实现两位数的增长。卡塔尔电商交易额在 2017 年达到 12 亿美元，2022 年预计达到 32 亿美元。卡塔尔电商交易的年复合增长率将会达到 17%。

卡塔尔是世界上互联网普及率和手机使用率最高的国家之一，也是世界上消费者支出率最高的国家之一。这些条件有利于卡塔尔发展电商业务。但电商行业发展也面临挑战，其中包括供应链、物流、和一些交付系统的问题。2016 年，卡塔尔邮政局（Q-Post）推出了一项新的电商服务“Connected by Qatar Post”，允许卡塔尔的消费者在网上购买他们最喜欢的品牌，并可以选择不同的配送方式。卡塔尔邮政局负责将包裹配送至邮政分支机构、消费者家中或智能储物柜中。邮政局还计划在不久的将来使用无人机配送包裹。

与此同时，卡塔尔交通运输部门也制定了一系列措施来推动电商行业的发展。2017 年 3 月，该部门推出了一个门户网站，为消费者和卖家提供网上交易指导，重点强调安全问题、法律义务和消费者退款准则。

交通运输部还经营数字孵化中心，为电商创业公司提供大量的支持和指导。此外，卡塔尔还举办各种研讨会，就广泛的主题提供深入的培训课程，包括如何通过电商、云服务和其他软件解决方案来发展业务。

第五节　旅游业

一　旅游政策、旅游设施等基本概况

卡塔尔被认为是其所在地区旅游业发展最快的国家之一。根据世界旅游协会联盟（WTCC）的报告，2015 年卡塔尔吸引了 293 万名游客，比

2014 年增长 3.7%；旅游业投资额为 18 亿美元，同比增长 12.5%。卡塔尔旅游业带来直接经济收入 52 亿美元，占 GDP 的 2.8%。2016 年旅游业产值增长 4.3%。

卡塔尔旅游局的年度报告显示，2016 年卡塔尔吸引的国际游客中，来自海湾合作委员会国家的游客占 48%。按国别统计，前十大游客来源国为沙特（占比 32%）、印度（11.6%）、巴林（4.6%）、阿联酋（4.6%）、英国（4.5%）、美国（3.5%）、阿曼（3.4%）、科威特（3.2%）、埃及（2.8%）和巴基斯坦（1.7%）。

2017 年 6 月“断交风波”发生后，海湾合作委员会中的沙特、阿联酋和巴林都禁止公民前往卡塔尔，致使来自海湾国家的游客数量锐减，卡塔尔的酒店入住率一落千丈。卡塔尔航空公司也因此失去了 25% 的航线。2018 年上半年，前往卡塔尔的游客数量大约为 94.5 万人，而 2017 年同期抵达卡塔尔的游客约为 150 万人。

为了吸引更多游客，2017 年 8 月 9 日，卡塔尔内政部、旅游局和卡塔尔航空公司共同宣布，卡塔尔对包括中国内地、中国香港在内的 80 个国家和地区的公民实施免签政策，以推动该国航空运输业及旅游业的发展。

卡塔尔计划大规模投资发展旅游业。根据卡塔尔旅游局的预测，到 2026 年，旅游部门的总经济贡献将从 2015 年的 485 亿卡塔尔里亚尔，上涨到 812 亿里亚尔，占 GDP 的 7.3%。2015 年，旅游和旅游活动的投资占国家总支出的 2.2%，在 2026 年之前这一数字预计每年增长 8.6%。卡塔尔将在未来几年内通过旅游业创造 5.2% 的 GDP 和 9.8 万个就业机会，增加 6.3 万间酒店客房。

卡塔尔被认为是世界上最安全的旅游目的地之一。国家不大，但旅游资源丰富，如自然保护区、古堡、豪华酒店、公园、博物馆、美食餐厅、大型购物中心、传统民间市场等应有尽有。卡塔尔人民热情好客，游客既可以感受卡塔尔的现代化气息，也可以体验传统阿拉伯文化。

没到过卡塔尔的人很难想象这个以石油天然气闻名的富裕国家，竟然是个很有文艺特质的国家。这里建有很多博物馆、画廊和剧院，贝聿铭、吉恩·诺维尔、理查德·塞拉、达明安·赫斯特、路易斯·布尔茹瓦及其他著名建筑大师都在这个国家留下了许多建筑杰作。如位于多哈市的伊斯兰艺术博物馆、马塔夫阿拉伯现代艺术博物馆、费萨尔·本·卡西姆·阿勒萨尼酋长博物馆、卡塔拉文化村的画廊和剧院等。此外，卡塔尔还有丰富多彩的公共艺术，以及古代岩雕和岩阵。

作为海湾阿拉伯国家，卡塔尔的传统休闲活动也充分体现了阿拉伯文化特色，如赛猎隼、赛马、赛骆驼、赛木舟等。除此之外，冲沙、滑沙，传统独桅帆船巡游，艺术彩绘等活动都可以让游客体验到不一样的卡塔尔风情。

卡塔尔是个集探险乐园、艺术宝库、购物天堂和休闲娱乐于一体的地方，男女老少都可以在这里找到适合自己的娱乐项目。

二　世界杯与旅游业

目前，卡塔尔正借助以2022年世界杯为代表的体育旅游资源，发展旅游经济。国际足联世界杯是全世界最受欢迎的大型体育赛事。2014年巴西世界杯期间，尽管遭受了交通和文化方面的巨大压力，但依然接待了约60万名来自世界各地的游客，旅游收入超百亿美元。

预计2022年世界杯将促成访问卡塔尔游客人数的大幅度增长，卡塔尔政府计划在未来几年内实现旅游收入翻番。国家旅游部门的目标是稳步推动未来10年旅游数字的增长，计划到2020年游客人数达到400万人次。

为筹办2022年世界杯，卡塔尔计划斥资2000亿美元建造大型基础设施，其中包括运动场馆、铁路和公路。此外，卡塔尔旅游局计划未来5年投资170亿美元，发展与旅游业相关的基建项目。

目前卡塔尔已拥有2万多间客房，为了筹办2022年世界杯，卡塔尔还有100个在建项目，届时会再增加20580间客房。在2022年世界杯期间，卡塔尔还将在多哈港豪华游轮上打造至少6000间客房。可以说，卡塔尔在硬件上已经做好了接待全世界游客的准备。

三 中卡旅游合作

2017 年 9 月 11 ~ 16 日，在四川成都召开的联合国世界旅游组织（UNWTO）第 22 届全体大会上，卡塔尔旅游局与中国国家旅游局签署协议，卡塔尔正式成为中国政府批准的旅游目的地国家。卡塔尔旅游局在中国设立了总部位于北京的代表处，同时在上海和广州也设立了办事处，处理各项与旅游有关的事务。

卡塔尔旅游局发布的年度报告显示，2018 年 1 月 ~ 10 月，卡塔尔接待中国游客 53400 名，比 2017 年前 10 个月增加了 45.4%。2018 年的前 10 个月，中国游客占卡塔尔游客总数的 4%。

2018 年 12 月 21 日，中国政府和卡塔尔政府于 2018 年 7 月 9 日签署的《中华人民共和国政府和卡塔尔国政府关于互免签证的协定》正式生效。此后，中国公民持有效的中国护照因旅游、商务、探亲、过境等短期事由拟在卡塔尔停留不超过 30 天，免办签证。这无疑将吸引更多的中国游客前往卡塔尔探索文化遗产，领略自然景观。

卡塔尔航空公司现已开通 7 条直达中国的航线，北京、广州、重庆、成都、上海、杭州和香港等地有直达多哈的航班，为中国游客前往卡塔尔提供了便利。互免签证协议生效后，卡塔尔航空公司将增设多哈到中国北京、广州、重庆、成都、上海和杭州的往来航班。

卡塔尔的 20 多家酒店也通过其独家全球分销合作伙伴 Select Holding 获得了中国文化旅游部和中国旅游学院认可的“欢迎中国”认证。该认证承诺接受中国银联卡，并提供免费 WiFi。之前这些酒店的 WiFi 需要付费。

第六节 交通运输和邮电通信

一 交通运输

1. 概况

卡塔尔公路总长 9830 公里，其中干线公路总长 1580 公里，支线公路总长 8250 公里，初步形成了覆盖全国的公路网。目前卡塔尔境内没有铁路，卡塔尔计划修建约 500 公里铁路，作为海湾六国铁路联网的一部分。卡塔尔计划修建总长度为 354 公里的多哈地铁。多哈地铁项目包括 4 条线路：红线、金线、绿线、蓝线，共设 93 个站。其中红线、金线、绿线共 75 公里，设 37 个站，计划于 2019 年开通，剩余未完工路段及蓝线地铁将于 2026 年前完成。多哈地铁红线从古萨尔到沃克拉设 18 个站。2019 年 5 月 8 日，18 个站中的 13 个站（其中包括 2 个换乘站）开始试运行，运行时间为周日至周四上午 8 点至晚上 11 点。

卡塔尔的航空运输比较发达。卡塔尔航空公司每天有 219 架航班飞往世界各地，与周边国家主要城市都有直达航班。卡塔尔航空公司的大本营哈马德国际机场是全球最大的机场之一，机场主建筑面积超过 35 万平方米，是多哈市最大的建筑，相当于多哈市旧城区面积的 1/4。哈马德国际机场设计旅客年吞吐量 5000 万人次，货物 200 万吨，航班起降 32 万架次。

卡塔尔拥有多哈港、拉斯拉凡港和梅赛义德港三大港口。多哈港（亦称哈马德港）主要用于商业目的，一期工程设计年吞吐量为 200 万标准箱，于 2016 年竣工。2020 年二期工程竣工后其年吞吐量增加 400 万标准箱。随着一二期工程合拢，2030 年三期工程竣工后多哈港的集装箱最终年吞吐量将达到 600 万标准箱。多哈港的建成将大大提升卡塔尔在海湾地区的竞争实力，这对于谋求国家经济转型的卡塔尔具有极其重要的意义。此外，多哈港还包括一个依托港口建设的自由贸易区。这里与 1 公里外的梅赛义德港和工业区连成一片，形成一个港口群、进出口货物仓储群，成为出口石油和石油产品加工的重要基地。拉斯拉凡港是卡塔尔液化天然气出口专用港，梅赛义德港主要用于卡塔尔原油和石化产品出口。卡塔尔天然气运输公司拥有世界上最大的液化天然气运输船队，承担卡塔尔液化天然气出口的运输任务，目前拥有大型天然气运输船 60 余艘。

为举办 2022 年世界杯，进一步改善居民出行条件，卡塔尔宣布要加大公共交通领域的投资，未来 8 年用于交通运输领域的投资额将超过 430 亿美元。

卡塔尔的铁路项目，是中东地区最大的基建开发项目之一，将创建一个一体化的运输网络，其中包括一个在多哈市的地铁系统，一个长途客运和货运系统，以及一个在鲁塞尔地区的轻轨交通系统。

卡塔尔计划在 2020 年前投入 2000 辆公交车辆，在 2030 年前建设 2500 公里高速公路和 233 公里铁路。同时，卡塔尔将支持出租车企业增加车辆投入。卡塔尔在国际交通方面的投入也将不断增加，空运和海运的现状将进一步得到改善。

2. 卡塔尔航空公司

卡塔尔航空公司属国家航空公司，成立于 1997 年，是全球最年轻的航空公司之一，也是全球发展最快的航空公司之一。目前，卡塔尔航空集团在全球范围内拥有超过 4.6 万名员工，其中超过 3.2 万名员工隶属于卡塔尔航空公司。

为了参与各大航空公司间的竞争，卡塔尔航空公司在 2016 年接收了 19 架新飞机，新增了 14 条国际航线，其总航线数已突破 150 条。截至 2018 年 6 月 30 日，卡塔尔航空公司现役机队拥有各类飞机 219 架。卡塔尔航空公司是空客 A350 - 1000 全球最大的运营商，平均机龄 6.1 年，是世界最年轻机队之一。迄今为止，卡塔尔航空公司没发生过任何重大事故，被认为是安全系数最高的航空公司之一。

卡塔尔航空公司是 2006 年第 15 届多哈亚运会官方指定航空公司，也是 2018 年俄罗斯世界杯的赞助商，分别在 2011 年、2012 年、2015 年和 2017 年、2018 年、2019 年先后六次被航空业权威评估机构 Skytrax 评为年度最佳航空公司。

目前，卡塔尔航空公司已开设多条直达中国的航线，除直达香港外，还开通了直达北京、广州、重庆、成都、上海和杭州的航线。为了吸引中国旅客，卡塔尔航空公司在官方网站上设有中文服务，同时在航班上也配备了中国籍的空乘人员。

二 邮电通信

1. 概况

卡塔尔通信设备良好，技术设备先进，电信业发达。卡塔尔电信

（Ooredoo）和英国沃达丰（Vodafone）两大运营商分享通信服务市场。早在20世纪90年代，全国各大城市间就有电话相连。1990年，电话用户达13.9万户，平均每3人拥有一部电话。2017年，固定电话用户达39万户，移动电话用户约429万户，有线宽带用户62.6万户，运营商户均收入达到102里亚尔。

卡塔尔是世界上互联网普及率和手机普及率最高的国家之一。截至2013年12月，卡塔尔的互联网用户就已达181万多人，互联网渗透率高达85.3%。2014年，世界经济论坛发表了评价国家信息传播技术水平的NRI指数，也就是网络灵敏指数，该指数的排名显示卡塔尔在全球所有国家中居第23位，在中东国家中独占鳌头。

卡塔尔正接近“智慧国家”的边缘。2017年第一季度，卡塔尔互联网的平均连接速度同比增长了64%。2017年，卡塔尔移动通信用户的数据传输速率平均数值为62.63 Mbps，几乎是国际平均值22.81 Mbps的3倍。

2018年5月，卡塔尔的电信运营商Ooredoo推出了5G超级网络，这是世界上首个5G商用网络的落地应用，覆盖了从卡塔尔明珠到哈马德国际机场的数英里区域。

卡塔尔《2030年国家愿景规划》的一个重要内容就是“提高国家的数字化能力”，这无疑需要快速商用5G等新一代网络技术。预计未来几年，个人用户与企业客户对于数据传输速率的诉求将会快速增长。

2. 电子政务的发展

2004年卡塔尔成立了通信与信息技术最高委员会（ictQATAR），负责管理通信及信息产业的建设和发展，卡塔尔的民营企业和国营企业均可涉及通信和信息产业。最高委员会的目标是在卡塔尔实现教育、卫生和商务等领域的电子化，推动信息技术和信息安全方面的基础设施建设。2013年卡塔尔成立通信与信息技术部，取消通信与信息技术最高委员会。2016年成立交通与通信部代替原来的通信与信息技术部。

第七节 财政与金融

一 总体财政状况

一直以来，卡塔尔的财政收入虽然受国际油价涨跌的影响较大，但国家财政状况总体保持良好。卡塔尔外汇储备充足，其预算相对保守。近年来，由于政府的项目管理水平和投资效率不断提高，在前期项目投资方面，节约了很多支出。卡塔尔的外汇储备和主权财富基金加起来是GDP的2.5倍，在受2017年“断交风波”影响的情况下，卡塔尔仍然有足够的财力支撑其货币和经济。

近几年，卡塔尔的财政预算主要着眼于2022年世界杯，持续推进《2030年国家愿景规划》，促进经济、社会、人力和环境的发展，同时也强调支持粮食安全项目、中小企业发展、经济区和自由区的开发建设等领域。有些项目虽重新安排，但总体上仍保持扩张性财政政策。2020年，卡塔尔基建投资将达1500亿~2000亿美元。

2018年11月，国际货币基金组织工作小组对卡塔尔进行了评估访问，称得益于审慎的财政政策和较高的国际油价，卡塔尔经济已成功抵御了2017年断交风波带来的冲击，近期和中期的前景依然良好。国际货币基金组织认为卡塔尔经济表现依然强劲。随着经济从“断交风波”和油价飙升的影响中恢复，2018年卡塔尔的经济增长率为2.3%。整体通胀得到控制，财政和外部状况正在改善，央行外汇储备有所增加。另外，货币和金融状况显著改善，随着银行吸引非居民资金的增加，对政策支持的依赖有所下降。

国际货币基金组织预计卡塔尔2019年GDP增长率为3.1%，非油气增长仍然强劲，石油和天然气产量将得到恢复。在2020~2023年期间，预计实际GDP年增长率约为2.7%，这主要受到公共基础设施支出增加、液化天然气生产规模扩大以及2022年世界杯的影响。卡塔尔政府计划在2019年底或2020年初开始征收增值税，此后，物价将略微提高。2019～2023 年，卡塔尔的财政和外部收支平衡将保持盈余，支持中央银行外汇储备的增长。预计 2019 年卡塔尔央行的外汇储备将达到约 360 亿美元。

尽管如此，受全球贸易紧张局势升级、美国收紧货币政策以及全球金融市场波动加剧等因素的影响，卡塔尔经济前景仍面临下行风险。

二　金融

1. 货币政策

卡塔尔货币为里亚尔。在卡塔尔的银行或钱庄里，里亚尔可以与美元、欧元、英镑、日元、瑞士法郎、加拿大元、澳大利亚元自由兑换，并且可以同海湾其他国家，以及印度、巴基斯坦等国货币自由兑换。

早在 1975 年，卡塔尔里亚尔就正式与特别提款权挂钩。在 1980 年实际上就已经实行了 1 美元兑换 3.64 卡塔尔里亚尔的汇价，但是直到 2001 年 7 月 17 日卡塔尔颁布了第 34 号法令才将 1∶3.64 的汇价定为固定汇率。卡塔尔里亚尔与其他硬通货的汇率随美元变化而浮动。

卡塔尔不实行外汇管制，允许资本和利润汇出，投资资金、贷款资金、个人所得等都可以自由汇出境外。

2. 主要金融机构

截至 2017 年，卡塔尔有 16 家商业银行，其中 9 家为本地商业银行，分别为：卡塔尔国民银行、卡塔尔商业银行、卡塔尔国际银行、玛斯拉夫艾尔雷恩银行、卡塔尔伊斯兰银行、卡塔尔国际伊斯兰银行、卡塔尔发展银行、多哈银行、阿赫里银行。卡塔尔国民银行是卡塔尔第一家国有商业银行，吸收了近 50% 的存款，主要经营政府业务。外资企业在卡塔尔经营业务时，可以向卡塔尔的商业银行或金融机构申请融资。由于外资多以合资公司的形式投资卡塔尔，且均由卡塔尔本地股东控股，因此融资条件与卡塔尔本地公司无大的差异。世界银行提供的数据显示，卡塔尔 2015 年商业贷款利率为 4.5% 左右，普通存款利率为 0.75% 左右。具体信息可以在卡塔尔央行及商业网站查询。

卡塔尔中央银行（Qatar Central Bank，QCB），成立于 1973 年，其前

身为卡塔尔货币机构，1993年更为现名。卡塔尔本地的商业银行有以下9家。

（1）卡塔尔国民银行（Qatar National Bank）

成立于1964年，是卡塔尔第一家国有商业银行。卡塔尔投资局和私营部门各占50%股份。2013年银行总资产为1044亿美元，按资产排名是中东和北非地区最大的银行之一，在卡塔尔拥有将近45%的银行资产市场份额。卡塔尔国民银行已在上海设立了代表处。

（2）卡塔尔商业银行（The Commercial Bank of Qatar）

这是卡塔尔第一家私营银行，成立于1975年。2012年12月31日，银行总资产达800亿卡塔尔里亚尔。它已在卡塔尔交易所上市，也是卡塔尔第一家提供全球存托凭证、债券和在伦敦证券交易所上市的银行。

（3）卡塔尔国际银行（International Bank of Qatar）

卡塔尔国际银行是一家私营银行，于1956年开始营业。该银行提供一系列覆盖私人和企业的服务，在卡塔尔全国各地的主要城市设有越来越多的分行。它的业务范围覆盖欧洲、中东、亚洲和美国主要金融中心。

（4）玛斯拉夫艾尔雷恩银行（Masraf Al Rayan）

玛斯拉夫艾尔雷恩银行是一家卡塔尔银行，总部位于多哈市。该行是卡塔尔投资银行和整个海湾阿拉伯国家合作委员会的投资银行及资产管理机构，于2008年建立，拥有1亿美元的资产负债表。

（5）卡塔尔伊斯兰银行（Qatar Islamic Bank）

卡塔尔伊斯兰银行成立于1982年，是卡塔尔第一家伊斯兰金融机构。多年来，它已成为当地和区域市场的伊斯兰银行先驱者。卡塔尔伊斯兰银行的使命：为客户提供金融创新解决方案和优质的服务，最大限度地回报股东和合作伙伴，培养合格的专业人才和提供尖端技术。

（6）卡塔尔国际伊斯兰银行（Qatar International Islamic Bank）

卡塔尔国际伊斯兰银行于1991年1月1日成立。截至2013年，它在卡塔尔已拥有12家分公司，约50台自动存取款机。它正在快速成长为中东地区和其他地区一个知名的伊斯兰银行。该行也是英国伊斯兰银行和叙利亚国际伊斯兰银行的创始成员之一。

（7）卡塔尔发展银行（Qatar Development Bank）

卡塔尔发展银行是一家由卡塔尔政府全资拥有的银行，为卡塔尔工业、旅游、教育、卫生保健、农业、动物资源、渔业等部门的发展提供金融、银行和贷款服务。卡塔尔发展银行的前身是卡塔尔工业发展银行。

（8）多哈银行（Doha Bank）

多哈银行是卡塔尔最大的私人商业银行，成立于 1978 年，于 1979 年 3 月 15 日在卡塔尔首都多哈市开始其国内及国际银行服务。该行被评为卡塔尔最优秀的金融服务公司之一，已在上海设立了代表处。

（9）阿赫里银行（Ahli Bank）

阿赫里银行是一家卡塔尔银行，截至 2013 年已拥有 17 家分行和 48 台自动存取款机。

卡塔尔也是外资银行比较集中的地方，在卡塔尔金融中心入驻的外资银行和金融机构达 70 余家，如渣打银行、汇丰银行、阿拉伯银行、马什拉克银行、联合银行、BNP 巴里巴斯银行和伊朗萨德拉夫银行等。

3. 卡塔尔金融中心

卡塔尔在寻求将经济支柱从资源转向其他产业的过程中，立志将首都多哈打造成国际金融中心。2005 年，卡塔尔政府在多哈建立了卡塔尔金融中心，希望吸引国际金融服务机构及主要跨国企业进驻卡塔尔，特别是从事再保险、专属自保保险及资产管理的企业，同时鼓励机构和企业参与卡塔尔及海湾地区其他地方正在成长的金融服务市场。

截至 2018 年 6 月 30 日，在卡塔尔金融中心注册的企业数量达到了 532 家，这个数字与 2010 年第一季度相比增长了 3 倍多，注册的企业主要来自欧洲地区，以及印度、巴基斯坦等国，也有部分来自美国和中东、北非地区的企业；注册企业在卡塔尔开展的业务涉及信息技术、咨询服务、传媒营销、法律服务和投资金融等领域。卡塔尔金融中心可提供的优惠政策包括：以英美普通法为基础的法律环境，可直接使用外汇进行商品交易，以及卡塔尔与 60 多个国家签署的避免双重征税协议。

卡塔尔金融中心管理委员会成员兼首席执行官尤素福·杰达称：“卡塔尔金融中心这个平台的吸引力和卡塔尔市场蕴含的丰富商机得到了投资

者的认可。金融中心是外国直接投资门户和金融服务创新的前沿，对卡塔尔的发展和《2030 年国家愿景规划》的实现发挥着重要的作用。”

4. 中卡金融合作

2011 年 9 月，浦东新区金融服务局与卡塔尔金融中心签订了合作备忘录，旨在促进及发展双方拥有共同利益的范畴，寻求互惠互利的机遇，促进中国与卡塔尔双方的金融中心及金融业的共同发展。双方确定在多个领域进行合作，相互交流信息，并在卡塔尔或中国的上海浦东举办特定议题的会议。

过去几年，卡塔尔频频向中国企业抛出“绣球”。除了通过基础设施等项目吸引中国企业，卡塔尔还希望凭借国际通用的法律体系和优惠税收政策成为中国企业以及亚洲企业的海外总部，成为它们进入中东地区、走向国际的门户。这也是卡塔尔金融中心蓝图的一部分。

此外，中东地区首个人民币清算中心也于 2015 年 4 月 14 日在卡塔尔首都多哈市正式开业。卡塔尔央行行长在开业仪式上表示：“中东地区首个人民币清算中心在多哈市开业，这为释放卡塔尔和本地区其他国家同中国发展贸易关系的潜能建立了必要的平台。”中国工商银行多哈市分行作为上述清算中心的清算银行，负责向中东地区各个国家的企业提供服务，并负责处理该地区人民币交易中产生的所有问题，在投入运作之后人民币交易的时间和成本已大大缩减。

根据环球同业银行金融电讯协会（SWIFT）的数据，2015 年卡塔尔对中国内地和中国香港的交易额中 60% 采用人民币结算，同比增长 247%。卡塔尔人民币清算中心自 2015 年 4 月成立至 2015 年 12 月，人民币清算额达到 1310 亿元。

2017 年 12 月 13 日，中国银行卡塔尔金融中心分行在当地正式开业。分行主要开展公司存贷款、汇款、国际结算、贸易融资、金融市场等业务。分行开业后，将依托中国银行国际化、多元化、专业化的优势，为“走出去”的中资企业和当地工商企业提供优质的金融服务。2018 年 12 月，中国银行卡塔尔金融中心分行在卡塔尔金融中心第 17 届年会上获得“最佳业绩表现奖”（Best Performing Company）。

第八节　对外经济关系

一　对外贸易概况

卡塔尔是“古代海上丝绸之路”的重要枢纽，历史上以珍珠贸易闻名于世，珍珠贸易在漫长的历史岁月中是联系中西方文化的重要纽带。中国的隋唐时期，就有卡塔尔的珍珠被带到中国。卡塔尔作为重要的贸易中转站，经常接待从伊拉克巴士拉港出发前往印度与中国的商船，中国的瓷器、西非的金币等物产在此集散。1521 年葡萄牙殖民者入侵后，卡塔尔被打造成印度洋贸易的重要一环，葡萄牙通过卡塔尔集散金银、丝绸、马匹以及珍珠等物产。

20 世纪 20 年代，随着日本人工养殖的珍珠进入国际市场，卡塔尔的珍珠贸易逐渐衰落。20 世纪 40 年代，卡塔尔第一桶石油出口到欧洲，石油贸易取代珍珠贸易，为卡塔尔带来源源不断的巨额收入。1971 年民族独立后，卡塔尔逐步实现了石油工业的国有化。20 世纪 90 年代末，卡塔尔天然气开始走向国际市场。除了国内自用及通过管道向阿联酋等邻国输送销售外，卡塔尔绝大部分天然气都以液化天然气形式出口。从 2006 年起，卡塔尔超过印度尼西亚，成为全球第一大液化天然气出口国。2011 年，卡塔尔年液化天然气出口能力更是达到了史无前例的 7700 万吨。卡塔尔经济高度依赖油气出口，外贸净出口是拉动经济增长的主要“马车”。

2012 年，卡塔尔出口总额达 1316.14 亿美元，按出口金额排名前五位的出口目的国依次为：日本 368.31 亿美元、韩国 246.36 亿美元、印度 146.13 亿美元、新加坡 70.26 亿美元、中国 67.73 亿美元。

2012 年，卡塔尔进口总额达 260.83 亿美元，按进口金额排名前五位的进口来源国依次为：美国 28.66 亿美元、中国 25.48 亿美元、日本 21.32 亿美元、阿联酋 24.18 亿美元、德国 17.21 亿美元。

2017 年，卡塔尔 GDP 增长了 1.6%，进出口总额达 893.3 亿美元，进口额为266.9亿美元，出口额为626.4亿美元。尽管面临地区局势的挑战，卡塔尔对外贸易额仍实现了16%的增长，其中出口额增长了18%。这与卡塔尔近年来推行的经济多样化战略密不可分。卡塔尔向国外出口的主要产品有石油、液化气、凝析油合成氨、尿素、乙烯等，主要进口产品有机械和运输设备、食品、工业原材料及轻工产品、药品等。主要贸易伙伴有美国、日本、中国及西欧国家。

二　中卡贸易合作

1. 双边贸易

早在20世纪50年代末中国就与卡塔尔建立了贸易关系。1993年，两国签署了贸易协定。1999年，两国签署了《关于鼓励和互相保护投资协定》。中卡经济结构互补性强，能源、制造业和工程劳务等领域相互需求大。近年来，中卡双边贸易发展顺利，2013年双边贸易额已突破100亿美元。但受油气价格下降等因素的影响，2015年中卡双边贸易出现下滑。据中国海关统计，2015年中卡双边贸易额为68.88亿美元，同比下降35%。

中国从卡塔尔进口的主要商品有液化天然气、矿物染料、石油、蒸馏设备、塑料和塑料制品、有机化工产品、盐、硫、石材、石膏、石灰、水泥、钢铁等；中国对卡塔尔出口的主要商品是机械设备、电子及电气设备、家具、预制建筑材料、钢铁产品、无机化工产品和日用品等。

2014年，中国与卡塔尔共同发表建立战略伙伴关系的联合声明，两国经济合作日益加强。2017年，中国和卡塔尔开通了上海、广州至哈马德国际港的两条新的海上航线，两国的贸易往来进一步加强。2018年9月10日，卡塔尔天然气（Qatargas）宣布与中国石油达成22年液化天然气销售和购买协议，2018～2040年卡塔尔每年向中国供应340万吨液化天然气。卡塔尔向中国提供的液化天然气已占中国液化天然气总进口量的35%。

据卡塔尔工商部的数据，2018年中国和卡塔尔的双边贸易总额达135亿美元。中国已成为卡塔尔的第三大贸易伙伴。

2. 双向投资

卡塔尔正在加快实施积极的经济政策，并着手修改相关法律法规，清除限制、降低门槛、简化流程，以吸引更多外国直接投资。目前，已有至少14家中国全资公司（资本总额为1600万卡塔尔里亚尔）和超过181家卡塔尔中国合资公司（资本总额为8900万卡塔尔里亚尔）在卡塔尔市场开展业务，公司经营范围涉及贸易、建筑、工程咨询、工程承包、IT、商业和服务业等领域。

卡塔尔在中国的投资也涉及房地产、银行、电子商务、电信等诸多领域。截至2018年底，卡塔尔在中国的总投资额已达200亿美元。如卡塔尔房地产投资集团（Qatari Diar）持有江苏扬子江船业集团公司的股份；卡塔尔投资局持有中国农业银行、百度、阿里巴巴网络技术有限公司、深圳市腾讯计算机系统有限公司、海尔集团、港灯电力投资有限公司、利福国际集团有限公司、中国中信集团有限公司等十几家企业的股份。

2018年11月，卡塔尔派团参加了在上海举办的首届中国国际进口博览会，希望通过这个平台，使卡塔尔与中国的关系更加紧密。卡塔尔驻华大使苏尔坦·曼苏里在接受人民网记者采访时透露，在“一带一路”倡议与卡塔尔《2030年国家愿景规划》的对接下，卡中两国的合作具有更大潜力。他呼吁卡中两国企业认真考虑联合建立跨国公司、共寻合作投资机遇的可能性。

3. 劳务合作

据中国商务部统计，2015年中国派往卡塔尔的各类劳务人员共计1834人，中国劳工在卡塔尔主要从事建筑业、餐饮业、食品加工业、商业等。目前中国在卡塔尔的主要企业有中国电建、中国港湾、华为、中国建筑、中国海油、中国能建、中国工商银行、中国银行、中兴通讯、中国铁建和北京城建等。2015年新签大型工程项目包括：中国葛洲坝集团股份有限公司承建的卡塔尔墨加水库及泵站工程项目E标段；中国水电建设集团国际工程有限公司承建的卡塔尔多哈新港建筑物和基础设施项目；中国葛洲坝集团股份有限公司承建的卡塔尔供水管网扩建（六期）工程项目－B标段。

三 外国投资

1. 概况

卡塔尔吸收外资主要集中在石油天然气上游开发和石化项目上，例如，已建成和在建的共 14 条液化天然气生产线全部由卡塔尔石油公司与欧美跨国公司合资。卡塔尔吸引外资的一个显著特点是：在卡塔尔所有大型石油天然气企业和工业企业中，几乎全部由卡方控股。

联合国贸易和发展会议发布的 2016 年《世界投资报告》显示，2015 年卡塔尔吸收外资流量为 10.71 亿美元，比上年增长 2.98%；对外直接投资流量为 40.23 亿美元；截至 2015 年底，卡塔尔吸收外资存量估计为 331.69 亿美元，对外直接投资存量为 432.87 亿美元。

2. 投资环境与投资政策

为了吸引和鼓励外国投资者到卡塔尔投资，卡塔尔政府出台了一些优惠政策，如享受低水价、低电价和低气价；对重税机械及其零部件免除进口关税，不限量；不限制外汇兑换及转移；简化引进技术型和非技术型劳力的手续；等等。

《卡塔尔国投资法》规定，外国投资者在以下行业投资可以拥有 100% 的所有权：工业、农业、医疗、教育、信息技术、旅游、体育、能源、自然资源、分销、工程咨询和技术服务、矿业等。

2017 年底，卡塔尔宣布将加大对有利于经济发展的战略性产业的补贴支持力度，并提出了“72 小时拥有你的工厂”倡议，目的是为制造企业和工厂的设立提供快速审批注册服务。2018 年，卡塔尔计划设立 52 家工厂，政府为这些工厂的设立提供土地、软贷款等支持。

目前，卡塔尔政府已为上述倡议拨付了约 7 亿美元资金，并划拨了 50 多万平方米经济区公司（Manateq）管理的 Um Ahloul 经济特区和新工业区的土地。除了简化注册手续外，该倡议还承诺为合格的投资者提供开发好的土地（水、电、气、道路均具备），快捷办理人员签证，以及提供 10 年免征所得税、进口原材料免海关关税和费用、资本和利润汇出不设限制、公司所有权转让不设限制、卡塔尔发展银行提供融资服务等优惠政策。

为了加速推进经济多元化战略，为非石油经济的发展注入动力。卡塔尔政府还宣布成立自由区管理机构，计划将现有的空港（投资184亿美元建设的哈马德国际机场）和海港（投资68亿美元建设的哈马德港）联通起来，打造地区门户。

表4－2 未来几年卡塔尔投资机会

投资行业	数量	投资价值	2018～2022年国家计划投资	已与私营部门签订项目金额
教育(学校)	6所	5亿里亚尔	30亿里亚尔	5.1亿里亚尔
医疗卫生	12家医院	20亿里亚尔	1000亿里亚尔	8亿里亚尔
工业(工厂)	4个行业		67亿里亚尔	25亿里亚尔
食品安全	12个项目	10亿里亚尔	33亿里亚尔	1.25亿里亚尔
交通和公共设施	5个项目	30亿里亚尔	30亿里亚尔	5.1亿里亚尔
卡塔尔铁路	所有相关项目			
物流	10个项目	50亿里亚尔		160亿里亚尔
旅游观光	8个项目	25亿里亚尔	67亿里亚尔	25亿里亚尔
航空领域	扩建哈马德国际机场,扩建规模为目前面积的70%			

资料来源：根据卡塔尔－中国商务论坛数据整理。

3. 外国投资者在卡设立公司基本流程

外国投资者如想在卡塔尔设立公司，可按以下步骤操作：

访问卡塔尔工商部网站 www. moci. gov. qa，了解投资规定并准备相关的文件材料；

通过电子邮件或工商部专门窗口递交申请；

将经初步审核的申请材料提交工商部审批。

第九节 卡塔尔投资局

一 简介

卡塔尔投资局（Qatar Investment Authority，QIA），也称卡塔尔主权财

富基金，总部设在多哈，于2005年根据埃米尔第22号令成立，负责管理卡塔尔从石油、液化天然气销售中获得的财富。卡塔尔主权财富基金是主权财富基金国际论坛成员，已在全球累积了3350亿美元资产。据美国主权财富基金研究所（Sovereign Wealth Fund Institute，SWFI）的最新数据，卡塔尔主权财富基金的资产在全球主权财富基金中排第9位。

卡塔尔成立主权财富基金旨在通过国内外投资增强卡塔尔在国际上的经济竞争力，推动国民经济多元化和产业本土化，加强与国际社会的联系，扩大卡塔尔的政治影响。

二　主要成就

卡塔尔投资局的资金主要来源于卡塔尔的石油收益，2013年总资产为1700亿美元。

卡塔尔投资局在国内的主要业绩有：2013年向哈马德国际机场投资170亿美元。该机场由卡塔尔航空公司运营管理，拥有最先进的设施，可容纳5000万人次的年吞吐量。其次是收购卡塔尔国民银行和卡塔尔电信公司（Qatar Telecom，QSC）的大部分股权，成为卡塔尔国内股票市场的最大投资者。

卡塔尔在海外的投资遍及欧洲、美洲、亚洲和拉丁美洲等地。欧洲的主要投资对象为英国、法国、瑞士、德国、西班牙、意大利、俄罗斯等国。目前卡塔尔投资局已经持有英国奢侈品百货哈罗德、著名珠宝零售商蒂芙尼和巴克莱银行，以及瑞士信贷等知名企业的股份。卡塔尔投资局的持股还包括美国的好莱坞、纽约帝国大厦、英国的伦敦物业，意大利的华伦天奴、德国的大众汽车、西班牙的英格列斯百货和法国的巴黎圣日耳曼足球俱乐部。由于石油价格下跌，卡塔尔投资局的投资步伐在2015年有所放缓。

2016年12月，卡塔尔主权基金与瑞士大宗商品贸易商嘉能可收购俄罗斯石油公司（Rosneft Oil）19.5%的股权，交易价为113亿美元，这是俄罗斯历史上规模最庞大的一笔外商投资之一。

近几年，卡塔尔投资局对金融业、新技术和人工智能等领域越来越感兴趣。2018年9月7日，卡塔尔投资局CEO表示，将在德国投资金融行业、信息技术行业、人工智能和医疗领域。

卡塔尔投资局在亚洲的投资并不多，但这种情况正在发生变化，卡塔尔已经开始在亚洲寻找潜在的投资机会。投资局管理层在 2014 年就表示，计划未来六年在亚洲投资 200 亿美元。

卡塔尔投资局已经表现出对中国这个全球第二大经济体的投资兴趣，其中比较著名的是对利福国际集团有限公司的投资。2014 年，卡塔尔投资局以 47.8 亿港元收购利福国际集团有限公司 19.9% 的股权。2018 年 3 月，卡塔尔投资局退出了对利福国际集团有限公司的这笔投资，套现超过 50 亿港元。卡塔尔投资局持有中国农业银行 12.99% 的股权，价值约 17 亿美元；持有中国工商银行和阿里巴巴网络技术有限公司的股份；计划与中国中信集团有限公司成立一个 100 亿美元的投资机构；有意投资中国最大的互联网财富管理平台陆金所（Lufax）。

表 4－3　卡塔尔投资局部分持股情况

公司名称	持股比例
卡塔尔国民银行	51.93%
大众汽车	17%
俄罗斯石油公司	9.75%
卡塔尔电信	53.49%
嘉能可	9%
巴克莱银行	6.3%
荷兰皇家壳牌有限公司	2.13%
中国农业银行	12.99%
桑斯博里公司	22%
蒂芙尼	12.99%

注：数据截至 2017 年 1 月 9 日。
资料来源：彭博社。

第十节　经济前景

除了重点发展油气及石化产业外，卡塔尔政府还积极推动基础设施建设以及加工制造业、金融业、房地产业等的发展，以实现经济多元化。除了制订第一个“五年计划” （2011～2016 年）外，卡塔尔还制定了《2030 年国家愿景规划》，主要内容为加快改善国民生活水平和质量，保持经济稳步增长，重视环境保护，加强对教育、卫生领域的投入，实现经济多元化，最终将卡塔尔建设成为可持续发展的发达国家。

《2030 年国家愿景规划》制定了四大发展目标。

1. 人力资源发展：提高全体国民的素质，实现社会繁荣和稳定。
2. 社会发展：基于高道德标准，建设一个公正和充满关爱的社会，使其能够在全球发展协作中扮演重要角色。
3. 经济发展：发展富有竞争力和多元化的经济，能够满足和保证人民当前和未来高水平生活的需求。
4. 环境发展：管理好环境以确保实现经济增长、社会发展和环境保护之间的和谐平衡。

在《2030 年国家愿景规划》中，供水项目可谓重中之重。卡塔尔计划在水利工程方面投入 60 亿美元，大规模建造蓄水池和大型地下蓄水工程。根据规划，未来大概有 570 公里的管道，连接水厂源头和新的超大型蓄水池。管道和蓄水池都经过精心设计，确保水质在运往蓄水池或终端用户时不受影响。

除了制定《2030 年国家愿景规划》，卡塔尔还建立了全体公民共同拥有的主权财富基金，积极在海外布局庞大的资产组合。据估算，截至 2016 年，卡塔尔主权基金的海外有价资产已经高达 2560 亿美元，在很多跨国企业的股权结构中都占有一席之地。正是因为合理的提前布局，在油价断崖式下跌、亚太液化天然气市场供给过剩的低迷时期，甚至在遭受沙特等国的封锁和制裁后，卡塔尔仍然在财政收支和外汇平衡方面游刃有余，这让其他高度依赖油气收入的国家羡慕不已。

第五章

社　　会

第一节　国民生活

众所周知，石油产业和天然气产业是卡塔尔的两大支柱产业。依靠石油和天然气带来的巨额收入，卡塔尔已经发展成为世界上最富有的国家之一。据世界银行提供的数据，2018 年卡塔尔 GDP 总额达 1920.09 亿美元，人均 GDP 为 69026.5 美元。

卡塔尔实行高福利政策，政府把收入中的很大一部分用于国民福利支出和发展基础设施建设。卡塔尔政府向本国公民提供免费教育、免费医疗、住房补助和就业保障，还为老百姓日常消耗的水电燃气买单。在 270 多万人口中，卡塔尔公民只占约 15%，但 85% 的卡塔尔公民在政府部门工作，享受很高的福利待遇。卡塔尔的失业率极低，只有 0.2%。

由于本国公民数量少，卡塔尔需要引进大量的外来人口参与国家建设和发展。外来人口分布于卡塔尔的各行各业，其中以服务业和建筑业居多，主要来自埃及、约旦、黎巴嫩和叙利亚等阿拉伯国家，以及印度、孟加拉国、尼泊尔和菲律宾等东南亚国家。由于男性劳动力的大量涌入，女性人口所占比例下降，仅占总人口的 25%。近些年，卡塔尔严格限制外来移民入籍，外国女性可以通过婚姻申请卡塔尔国籍，但卡塔尔女性外嫁的很少。为了发展体育运动，卡塔尔实行运动员归化政策，给予足球、篮球、棒球等体育特长人员入籍待遇。2017 年“断交风波”发生后，卡塔尔开始允许卡塔尔妇女与非卡塔尔人结婚所生的子女以及对卡塔尔做出卓越贡献的外籍人士获得卡塔尔永久居住权（绿卡）。获得卡塔尔绿卡的人也可以享受免费的国家教育和医疗保健，可以在不需要卡塔尔本地人担保的情况下拥有并经营一些企业，还将在军事及民事公职的招聘中，享有一定的优先权。

卡塔尔企业的工资一般由基本工资、住房补贴、交通补贴、医疗保险、离职时发的补贴等组成。卡塔尔航空公司、萨利赫·哈马德·马尼阿公司、阿尔法丹公司、伊阿兰广告公司、达维什控股、卡塔尔博物馆局、艾布伊撒控股、吉达集团、卡塔尔基金、卡塔尔维尔康奈尔医药公司等机构是卡塔尔福利待遇较好的企业。

2019 年 2 月份，卡塔尔的月平均工资为 12625 里亚尔，约合人民币 23482 元。其中卡塔尔教师的薪资水平较之其他行业要高，每月最低为 33000 里亚尔。军人的工资也按级别确定，士兵最低月薪为 19000 里亚尔，准将为 150000 里亚尔。政府部门工作人员的职级，分为副部级、副部级助理、特优级、优级和 1 ~ 12 级共 16 个等级，月薪从 65000 里亚尔到 5600 里亚尔不等。教育程度和婚姻状况都是影响薪资水平的因素，据 2013/2014 财年的数据，大学毕业生月薪为 10000 ~ 20000 里亚尔，其中单身者享受每月 2500 里亚尔的住房补贴，已婚人士享受每月 4000 里亚尔的住房补贴。高中毕业生的待遇稍低，月薪为 7500 ~ 9500 里亚尔，其中单身者住房补贴每月 1500 里亚尔，已婚者住房补贴每月 3000 里亚尔。

卡塔尔没有个人所得税，本土企业也不用缴税。卡塔尔大部分税收由卡塔尔石油企业和天然气企业承担，部分符合条件的公司可以享受免税待遇。

除了拥有丰富的石油和天然气资源，卡塔尔的大部分物品都依赖进口，所以生活成本偏高，特别是住房、食品和教育方面的开支所占比例很大。卡塔尔政府为餐饮部门制定了统一的卫生标准，并定期检查，食品卫生状况良好。

卡塔尔社会秩序稳定，治安状况良好，刑事案件发案率低。全球城市数据库 NUMBEO《2018 年犯罪指数排行》显示，卡塔尔的犯罪指数为 15. 70，安全指数 84. 30，在 125 个国家（地区）中排名第 124 位（排名越靠后，社会安全状况越好），较之前期的排名后退一位，仅排在日本之后。卡塔尔无针对华人、华侨的暴力犯罪活动。近年来未发生恐怖袭击事件。

第二节 社会保障

20 世纪 60 年代初期，卡塔尔制定了一些法律条文，其中有涉及社会保障问题的内容。1963 年的《第 9 号法令》是卡塔尔历史上第一部完整的关于社会保障制度的法律，后几经修改形成了 1995 年的《社会保障法》，现在卡塔尔实施的社会保障制度主要以此为基础。随着社会的发展和情况的变化，卡塔尔政府不断对《社会保障法》进行修改和完善。

按照 1995 年的《社会保障法》，卡塔尔享受社保的人员类别为 10 类：寡妇、离异女性、需要帮助的家庭、残障人士、孤儿、丧失劳动能力者、老年人、囚犯家属、被遗弃的妻子、失踪人员家属。2014 年，享受社保的人员类别增加了“父亲身份不明者”，分年满 17 岁和未满 17 岁两类，同时社保生活费标准也有了提高。表 5－1 列举了 2014 年卡塔尔居民社保标准。

表 5－1 2014 年卡塔尔居民社保标准

人员类别	每月金额
寡妇	6000 里亚尔
离异女性	6000 里亚尔
需要帮助的家庭	6000 里亚尔 + 妻子补贴 2000 里亚尔 + 每个孩子补贴 1000 里亚尔
残障人士	4000 里亚尔
孤儿	6000 里亚尔
父亲身份不明且年龄不超过 17 岁者	3000 里亚尔
父亲身份不明且年龄超过 17 岁者	6000 里亚尔
丧失劳动能力者	6000 里亚尔 + 妻子补贴 2000 里亚尔 + 每个孩子补贴 1000 里亚尔
老年人	6000 里亚尔 + 妻子补贴 2000 里亚尔 + 每个孩子补贴 1000 里亚尔
囚犯家属	妻子 6000 里亚尔 + 每个孩子补贴 1000 里亚尔
被遗弃的妻子	6000 里亚尔
失踪者家属	妻子 6000 里亚尔 + 每个孩子补贴 1000 里亚尔

注：1 卡塔尔里亚尔 = 1.8616 元人民币。

领取社保的人员应严格遵守以下规定：

1. 在办理社保卡延期时应向劳动与社会事务部社保司递交关于婚姻及财务状况的年度证明文件，并在工作人员面前签字确认。如无法提供上述证明，则不能继续享受社保。

2. 丧失劳动能力者应每2年向社保司出示一次由国家指定医疗机构出具的证明。

3. 残障人士、丧失劳动能力者以及老年人凭国家指定医疗机构出具的证明，在政府无法给予照顾但本人确实需要专人护理的情况下，每月可领取1500里亚尔的保姆费。

4. 社保司查验发票、单据等文件的真实性后负责发放社保费。如果社保费领取者由于年幼、健康状况、智力、道德品质等因素无法正常支配生活开支，社保司可以向其妻子、孩子或其他可信赖的人发放。

卡塔尔公民除了享受国家提供的高福利待遇，还可以享受非常完善的休假制度。卡塔尔的假期有15种类型：年假、事假、病假、产假、照顾子女假、朝觐假、婚假、离婚妇女假（通常为3个月）、丧事假、妻子陪丈夫随任假、男性陪女性亲属旅行假（按伊斯兰教规定，女性单独出行需要有男性亲属陪同）、陪护病人假、特殊情况假、学习假、考试假。政府鼓励工作人员按时休年假，如因工作需要无法休完年假，至少也要休一半的时间，可连着休，也可分开休。没休完的年假最多可以累积到第二年，但是不允许折成现金进行补偿。休假时遇上节假日或病假，假期天数可相应延长。任何职员一旦过了试用期，就有权在一年之中的任何时段休假，7级以上的一年有45天带薪假；8级~10级的有40天带薪假；其他级别有30天带薪假。

为了维护外国劳工的合法权益，卡塔尔于2016年3月底开始启用电子劳务合同。外国劳工可以在政府网站上查阅其原始合同内容，了解自己的权利。根据新的制度，外国劳工只要在政府网站上输入个人信息，如姓名、护照号和签证号码，就可以在网站上查看他们的就业合同。以前的合同用英语或阿拉伯语写成，实行电子合同后，一些工人将看到以自己的母语写成的合同。这项服务目前提供包括尼泊尔语和乌尔都语在内的10种语言。

第三节　医疗卫生

一　医疗卫生概况

在发现石油之前，卡塔尔人靠捕鱼和采集珍珠为生，多数民众家徒四壁，医疗卫生条件十分落后。妇女在家里分娩，由接生员接生。

1946年，经哈马德·本·阿卜杜拉·阿勒萨尼亲自考察选址，卡塔尔建起了第一家医院——多哈医院。起初医院只有一层，最多可以接收30~40个病人住院。当时医院的大部分医生来自印度。为了提高医疗服务水平，哈马德从巴林的美国医院借了一些大夫给病人看病。到了阿里·本·阿卜杜拉·阿勒萨尼时期，医院才得以扩建，有了手术台和手术室。多哈医院成立后，妇女在家分娩的现象开始减少。

卡塔尔独立后，随着石油经济的发展，政府开始兴建各种医疗设施，医疗卫生条件得到了极大改善。保健中心、医院和诊所遍布全国各地，而且还配备了世界上最先进的医疗设备，引进了一批又一批经验丰富的医务工作者及从业人员。卡塔尔采取措施在全国范围内推行全面的医疗保障体系，被称为在中东地区完善医疗体系的典范。

卡塔尔公共卫生部是主管国家卫生事业的最高机构，负责制定国家健康战略和具体执行方案。公共卫生部下设23个分散在全国各地的医疗卫生中心，为所有到卡塔尔工作、旅游、访学的人员提供疾病预防和医疗服务，负责审核医务人员的从业资格，向医院、药房、卫生保健中心等机构颁发营业执照。另外，卡塔尔还设有专门机构，为有需要的病人提供海外医疗服务，病人可以前往其他国家治疗疑难杂症。只要经最高卫生委员会同意，病人及陪同人员的国际旅费、治疗费和生活费都由国家统一负担。

二　重要成就

近些年，卡塔尔在医疗卫生领域取得的最重要的成就之一就是社会健康保险制度覆盖到了全体卡塔尔公民，无论是选择公立医院还是私立医院，人人都有权享受免费医疗。从 2016 年开始，公费医疗制度覆盖了在卡塔尔居住的全体外国公民，包括雇员、劳务人员、家政服务员和访客等。外籍公民每年只需缴纳 100 里亚尔办理医疗卡，每次看病仅需缴纳少许费用，药品及住院等费用绝大部分由政府承担。

在医疗急救服务方面，卡塔尔原本计划到 2018 年院前医疗急救服务的呼叫满足率达到 95%（发达国家水平），但截至 2015 年 4 月，这一服务的呼叫满足率已达 98%，提前 3 年实现了目标。急救车抵达急重症患者所在地的时间为城区 15 分钟，农村 20 分钟。2007～2013 年，平均每万人拥有医生 77 人，护理和助产人员 119 人。

按照国家健康战略方案，卡塔尔分别实施了癌症和糖尿病等疾病的防治和研究计划，关注新生儿的护理和治疗，倡导建立初级保健中心，重视心理健康，为单身工人开设专门的卫生中心。为了加强对大众健康生活方式的引导，卡塔尔还发起了“健康是未来的保障”运动，呼吁大家健康膳食，坚持体育锻炼，重视疾病预防，了解吸烟的害处……总而言之，政府部门利用一切渠道宣传“预防胜于治疗”的理念。卡塔尔 2018 财年医疗卫生预算 227 亿里亚尔，占国家预算总支出的 11.2%，人均医疗预算支出约 2300 美元。

2013 年，卡塔尔现任埃米尔的母亲莫扎王妃在世界健康创新峰会上宣布，将启动卡塔尔基因组计划（QGP），旨在产生和收集卡塔尔人口基因组测序和分子组学数据，并将其链接到一个全国性的电子医疗病历系统，帮助绘制一幅未来个性化医疗服务的路线图。通过对基因组学技术和健康医疗服务的创新整合，卡塔尔基因组计划将有望帮助卡塔尔成为未来全球个性化精准医疗服务的领导者。

据联合国世界各国人口平均预期寿命统计，2018 年卡塔尔人的平均预期寿命为 78.41，排在全球第 29 位，其中男性平均预期寿命为 77.6，女性平均预期寿命为 80.11。

为了评估一个国家整体的健康状况，美国 24/7 华尔街网站通常会对被归为健康指标、就医条件或经济状况的众多因素进行评估。2015 年，卡塔尔被评为综合得分最高的国家。

2017 年，英国研究机构列格坦研究所（Legatum Institute）公布了第 10 份全球年度繁荣指数报告。这份报告基于大量的调查数据，其中一个重要的衡量标准就是一个国家人口的健康程度，包括基本的身心健康程度，医疗卫生基础设施和预防疾病的能力。排名最靠前的 15 个国家依次为：卢森堡、新加坡、瑞士、日本、荷兰、瑞典、澳大利亚、以色列、德国、比利时、新西兰、挪威、法国、卡塔尔和加拿大。

三　主要医疗机构

卡塔尔的主要医疗机构如下。

1. 哈马德医疗集团（Hamad Medical Corporation）

哈马德医疗集团成立于 1982 年，是海湾阿拉伯国家中最好的专业医疗机构之一。

哈马德医疗集团下辖哈马德医院、鲁迈尔医院、妇产医院、豪尔医院、希望医院、心脏病医院、沃克拉医院和库比医院，已获得国际医疗机构 JCI 认证。JCI 是国际医疗卫生机构认证联合委员会（Joint Commission on Accreditation of Healthcare Organizations，JCAHO）用于对美国以外的医疗机构进行认证的附属机构。该认证代表了医院服务和医院管理的最高水平，也是世界卫生组织认可的认证模式。

2. 锡德拉医学研究中心（Sidra Medicine）

锡德拉医学研究中心位于卡塔尔首都多哈市，是全球领先的集医疗、科研和教学于一体的医疗机构，于 2018 年 11 月 13 日正式落成。该中心在卡塔尔基金会支持下成立，吸引了超过 95 个国家的 4000 多名训练有素的临床医师和后勤员工。

该中心使用术中磁共振（MRI）和机器人辅助外科系统等领先技术，专注于治疗各种高度复杂且具有挑战性的病症。一些儿童专科服务包括心脏科、神经内科、泌尿科以及整形外科和颅面复原。

该中心将通过提供卡塔尔及中东、北非地区很多国家之前没有的医疗服务，满足这些市场对儿科和妇产科专家不断增长的需求。该中心还是生物医学研究领域的开创者，通过链接卡塔尔生物样本库（Qatar Biobank）和卡塔尔基因组计划的数据，有可能为具体疾病的高度个性化和针对性治疗提供支持。

3. 其他私立医疗机构

私立医院和诊所数量的不断增加也在促进卡塔尔医疗卫生事业发展方面起到了非常重要的作用。据卡塔尔外交部网站提供的数据，卡塔尔现有304家私立诊所和4所私立的综合性医院。

第四节　环境保护

一　环境保护概况

卡塔尔在独立前就已经意识到环境保护的重要性，于1966年颁布了《建筑物管理条例》和《卡塔尔海港条例》。1969年，卡塔尔又颁布了与卫生有关的法律，1974年经修订后成为《公共卫生法》。20世纪70年代中期，卡塔尔逐渐从发展与环境的对立统一关系来认识环境保护的含义，认为环境保护不仅是控制污染，更重要的是合理开发利用资源，经济发展不能超出环境容许的极限。这一时期，卡塔尔相继出台了关于遗弃动物，关于商业、工业和公共场所管理，关于石油资源保护等方面的法律。

随着石油经济的迅速发展，卡塔尔也面临环境持续恶化但又缺乏有效科技手段去应对环境问题的局面。1981年，卡塔尔成立了环境保护常设委员会和秘书处，着手处理国内所面临的环境问题，相继颁布了《海洋法》《农业检疫法》《水生生物资源开发利用和保护法》《动物健康法》《公私财产法》《地下水井法》等法律。

进入90年代后，卡塔尔进一步意识到保护环境是人类所面临的重大挑战，认识到环境保护对经济发展的重要性。1994 年，卡塔尔设立市政和农业部，下设环境司专门负责环境保护事宜。同年，卡塔尔颁布法令进一步明确了环境司的职责，凡是与环境有关的一切事务，如协调、跟踪、研究和保护等工作都交环境司负责。这一时期卡塔尔在环保方面颁布的法律有：《防止损害植物环境及成分法》《工业组织法》《民防法》，以及禁止在农田挖土和在海滩挖沙的相关法律等。

为了加大环境保护力度，2000 年卡塔尔设立了环境与自然保护区最高委员会，由王储亲自担任最高委员会主席。委员会可享受国家特批的独立预算方案，负责执行与环保有关的各项重要任务，保护环境，加大对濒临灭绝的菌类的培育和繁殖。同时，环境司和农业发展司自然保护区管理处也从市政和农业部转到了环境与自然保护区最高委员会。2002～2007 年，卡塔尔又颁布了一系列与环保有关的法律，如《辐射防护法》《环境保护法》《动物、鸟类和野生爬行动物捕猎法》《菌类及其自然生长环境保护法》《濒危菌类贩卖管制法》《控制臭氧层物质消耗法》等。

2008 年，随着卡塔尔在人力资源、社会和经济发展等领域取得巨大进步，哈马德埃米尔发布埃米尔令，宣布重组内阁，成立专门的环境部来主管国家的环境保护工作。2016 年，卡塔尔将环境部与市政部合并组成市政环境部，就环境保护、菌类繁殖与保护，化学材料和放射性材料的流通，放射性垃圾的处理，核能的安全使用，农业、畜牧业及渔业资源的保护和发展，农用土地、牧场、农场的管理等，制定总的方针和政策。

二　环保领域的国际合作

卡塔尔重视在环境保护领域与其他国家和国际组织进行多方面的合作。20 世纪 70 年代以来，卡塔尔加入或批准了一系列协议：

1978 年批准《关于合作保护海洋环境免受污染的科威特区域公约》《在紧急情况下防止油和其他有害物质污染的区域合作议定书》；

1988 年加入《关于设立石油污染损害国际基金的国际公约》（1971

年，布鲁塞尔）、《关于在公海上造成或可能造成石油污染的事件时进行干预的权利公约》（布鲁塞尔，1969 年）、《油污损害民事责任国际宪章》（1969 年，布鲁塞尔）；

1989 年批准《关于勘探和开发大陆架造成的海洋污染的议定书》；

1992 年颁布关于界定卡塔尔国领海和毗连区的《第 40 号法令》，批准《保护海洋环境免受陆上来源污染议定书》；

1996 年加入《控制危险废物越境转移及其处置巴塞尔公约》《联合国气候变化框架公约》，批准了 1992 年签订的《生物多样性公约》；

1999 年加入 1985 年签订的《保护臭氧层维也纳公约》和 1987 年签订的《关于消耗臭氧层物质的蒙特利尔议定书》，加入《关于在发生严重干旱或荒漠化的国家特别是在非洲防治荒漠化的国际公约》。

三　环保措施

为了表明政府对濒危动植物保护的重视，卡塔尔向猎隼发放护照，供其通过海关过境。同时，卡塔尔还与国际刑警组织和《盖茨公约》缔约国合作，交流信息，保护菌类生物的有关资料。

卡塔尔也非常重视可再生能源的利用和开发，利用国际上的先进技术大力发展太阳能发电行业，并计划在 2012～2022 年投入 7000 万美元以最先进的科学技术手段进行降低碳排放项目的研究工作。

为了举办 2019 年田径世锦赛以及 2022 年世界杯比赛，卡塔尔正在加快基础设施建设。为了有效保护环境，卡塔尔针对基建项目提出了以下环保要求。

（1）进口和过境运输、储存危险品及废料都要事先申报。

（2）承包商在开工前，需向环境主管部门报送开工申请表，明确说明施工中有关环保的安排和做好环保工作的措施。申请表的内容除公司基本情况外，还要包括：每天使用原材料的数量，以及生产成品和副产品的数量；工业废水、冷却水的处理方法；废气排放和空气污染情况及处置办法；固体垃圾的产生情况及处置办法；对原材料及产品的存放手段；对原材料及产品的运输方式。

（3）在企业生产、施工过程中，卡塔尔环保部门要不定期派人到施工现场暗访，对环保情况进行检查（这类检查事先不通知，事后也不通报）。一旦发现问题，环保部门有权勒令立即停工，要求企业整改（最长时间可达半年）。

除了针对基建项目采取的环保措施，卡塔尔还在水、大气、废物循环利用和自然遗产保护等领域出台了一系列治理和改善环境的措施。特别是2016年的“国家水计划行动”，出台了一系列关于水的质量标准、排放控制和节约优惠等政策，代替了原有的零散的法律法规。

值得一提的是，考虑到环保需求，卡塔尔2022年世界杯场馆建设使用了一些可拆卸和可重复使用的材料，在比赛结束后一些体育场馆将被拆卸送到发展中国家使用，帮助当地发展足球运动。

第六章

文　化

第一节　教育

一　教育概况

在实行正规教育前，卡塔尔的传统教育主要通过清真寺、专门教授古兰经的学校和私塾来完成。成立于1893年的阿米娜·马哈茂德学校是卡塔尔第一所专门教女子学习古兰经的学校，穆罕默德·本·马尼阿建立的阿萨利亚学校（1913～1938年）则是当时最著名的私塾之一。

1952年，卡塔尔建立了第一所男子小学，标志着正规教育的开始。纵观卡塔尔的教育发展历程，可将其分为以下六个阶段。

（1）1954～1971年，卡塔尔开始普及教育，建起了各类学校，开始编写教材，制定教学大纲，完善行政机构，派遣高中毕业生去其他国家的大学深造。

（2）1972～1980年，独立后的卡塔尔开始加大教育投入，学校、教师及行政技术人员的数量开始快速增长。1973年卡塔尔教育学院成立，后发展为卡塔尔大学。这一阶段，卡塔尔还设立了语言学院和管理学院，同时鼓励兴办私立学校，作为对公办教育的有益补充。

（3）1981～1990年，卡塔尔开始制定学校管理和教育指导的标准，引进包括教学电视和计算机在内的先进教学设施，推广示范校经验，加强对学生健康的管理，扩建校舍，将奖学金制度与各领域发展计划的实际需要联系在一起，颁布教育道德规范，确定不同阶段的教育政策和目标。

（4）1991～2000 年，主抓教育质量，重视教育领域硬件设施的改善和人力资源的培养，找出教育体制中最突出的缺点和不足，并加以改进。1995 年，卡塔尔基金会成立，提出了通过教育来推动社会变革的想法，并开始兴建教育城。

（5）2001～2010 年，成立最高教育委员会，负责制定教育政策，全面进行基础教育改革。从 2004 年起，卡塔尔开始兴办独立学校，与教育部学校并存。独立学校的兴办和最高教育委员会的成立有效保证了卡塔尔 21 世纪基础教育政策的贯彻和实施。

（6）2011～2018 年，随着教育形势发生变化，卡塔尔对独立学校的管理和最高教育委员会的职能进行了调整。2017 年，独立学校的管理转至卡塔尔教育和高等教育部，高等教育委员会也变成该部的一个部门。

卡塔尔独立之前一直饱受外来侵略和欺凌，教育基础薄弱，全国 90% 以上的人为文盲。1971 年卡塔尔宣布独立后，政府制定了新的教育方针，拨出巨款发展教育，兴办学校。独立初期，卡塔尔仅有几所学校，数千名学生。到 1982 年全国已有各类学校 143 所，大学生、中学生、小学生共计 4.57 万人，其中大学生 3381 人。女学生占学生总数的 48.5%。全国共有教师 4119 人。

卡塔尔在发展正规学校教育的同时，还大力开展扫盲运动。1971 年独立后，政府拨款在全国城乡各地设立扫盲班，动员大批教员利用空余时间从事扫盲工作。据统计，1983 年全国参加扫盲班学习的人数超过 8000 人，其中一部分人已升入相当于小学、中学水平的扫盲班。

自 20 世纪 80 年代始，卡塔尔政府一直在尝试实行多种形式的教育改革，但成效并不显著。2001 年，卡塔尔聘请美国兰德公司为其设计教育改革方案，并协助其对整个教育系统进行改革，旨在构建一种与国际接轨的教育制度，培养青年充分参与国家经济、政治和社会生活的能力。改革的主要措施包括建立最高教育委员会和独立学校、开发新课程标准、实行教育问责制、注重教师专业发展和加大教育经费投入等。经过几年的努力，卡塔尔的教育改革取得了成效。到 2010 年，卡塔尔学校数量达 437

所，学生数量达 157871 名。除了公立学校和独立学校外，卡塔尔还拥有阿拉伯私立学校和其他国际私立学校。2005～2010 年，卡塔尔中小学学生总数增加了 6.4%，其中私立学校的学生数量增长了 8.8%。至 2016 年，卡塔尔学校数量达 454 所，公立学校 193 所，私立学校 261 所；在校学生数量 295385 人，其中公立学校学生 113532 人，私立学校学生 181853 人；教师数量 25597 人，公立学校教师 14888 人，私立学校教师 10709 人。

卡塔尔政府认为教育是国家政治、经济和社会进步的关键因素，从幼儿园到大学、研究生，直至博士生各个阶段，卡塔尔国民都可以享受免费教育。卡塔尔基础教育的学制为：小学 6 年、初中 3 年、高中 3 年。幼儿园接受 4 岁以上儿童入学，学制 2 年。

卡塔尔现已构建起一整套完整的教育体系，幼儿园、中小学、中等技术学校、职业技术学校、大学、学院、研究中心和培训中心，应有尽有。除此之外，卡塔尔还引进国外先进的办学机构，培养青年干部，满足国家发展的需要；鼓励兴办私立教育，并在法律和监管方面提供支持。

卡塔尔主张人人享有平等的教育机会，努力为每一个公民提供个性化的且具有国际水准的优质教育。2014 年，卡塔尔平均教育开支由 2004 年的 8000 美元/人增长到 2.57 万美元/人。2016/2017 财年，卡塔尔教育经费预算为 204 亿里亚尔（约 56 亿美元）。按照《2030 年国家愿景规划》，卡塔尔的目标是建立一种可与世界上最先进的教育体制媲美的教育制度，培养学生应对全球挑战的能力，使他们成为最杰出的发明家、艺术家或是学有所长的专业人士，引领国家未来的发展，推动国民经济的持续增长。

卡塔尔教育和高等教育部是负责卡塔尔所有教育事务的官方机构，负责教育监督，课程和教材的编制，公立学校、教师及学生事务的管理以及早期教育等。现任教育大臣是穆罕默德·本·阿卜杜瓦哈德·哈马迪博士。与教育有关的方针政策和战略规划均由教育和高等教育部负责制定，除此之外，该部还负责学校及学生的评估考核，奖学金的管理，研究和培训，高等教育文凭的认证，等等。

为了实现《2030年国家愿景规划》所确立的目标，卡塔尔希望建立起符合现代国际标准的教育体制，使之成为世界上最优秀的教育体制之一，并通过创新人才的培养使卡塔尔成为真正的科研中心和知识中心。这种教育体制的核心内容为：

（1）根据当前及未来的劳动力市场需求设置课程，制定培养计划；

（2）根据每个人的能力和愿望，向其提供不同层次的高质量教育和培训机会；

（3）让所有人都享受终身教育；

（4）通过全国正规教育和非正规教育网络，激发儿童及青少年的学习积极性，培养必要的学习和生活技能，为国家建设和发展作贡献。

二　高等教育

卡塔尔大学的建立是卡塔尔教育史上一个重要的里程碑，标志着卡塔尔教育事业开始走上全面发展之路。

为了体现将教育作为国家优先发展事项的愿景，卡塔尔埃米尔于1973年颁布埃米尔令，宣布成立第一所教育学院。教育学院成立伊始，招收了57名男学生和93名女学生。1977年，教育学院扩展成为卡塔尔大学，卡塔尔高等教育的序幕从此开启。

1995年，卡塔尔埃米尔哈马德·本·哈利法·阿勒萨尼成立卡塔尔基金会，基金会的成立极大地推动了卡塔尔教育事业的发展。1996年，卡塔尔在多哈兴建教育城，在卡塔尔教育史上翻开了崭新的一页。不但刺激了国内教育系统的改革开放，而且还带动了国民经济的增长。

2008年，卡塔尔推出了《2030年国家愿景规划》，指出卡塔尔应将丰富的油气资源带来的巨额收入应用于建设现代知识型经济。实现这一目标的关键是培养人才，所以人力资源的发展被确定为卡塔尔自2008年开始15年内的优先发展目标。

经过40多年的发展，卡塔尔的高等教育取得了丰硕成果，以下是卡塔尔的主要高校。

卡塔尔大学

哈马德·本·哈利法大学

卡塔尔社会学院

加拿大卡尔加里大学卡塔尔分校

卡塔尔金融和商业学院

卡塔尔伊斯兰研究学院

美国乔治敦大学国际学院卡塔尔分校

美国西北大学卡塔尔分校

美国卡内基梅隆大学卡塔尔分校

卡塔尔国际美容学院

卡塔尔斯坦德大学

美国康奈尔大学威尔医学院卡塔尔分校

美国弗吉尼亚州立联邦大学卡塔尔分校

美国得克萨斯州农工大学工程学院卡塔尔分校

加拿大北大西洋学院卡塔尔分校

多哈高等研究学院

卡塔尔航空学院

翻译研究学院

卡塔尔科学院

下文就卡塔尔大学、卡塔尔基金会及教育城进行着重介绍。

1. 卡塔尔大学

卡塔尔大学位于多哈北部，是一所国立综合性大学，由成立于1973年的卡塔尔教育学院扩建而成。该校主要采用英语和阿拉伯语教学，在校生2万多人，女性学生所占比例较大。校内教学设施齐全，设有实验室、阅览室、研究中心、实验性农场等。

1977年，卡塔尔教育学院更名为卡塔尔大学，下设4个学院：教育学院，人文和社会学学院，伊斯兰教法和伊斯兰研究学院，理工学院。1980年卡塔尔大学成立了工程学院，1985年成立了经济管理学院。至2005年秋，入校学生总数达7660人。

截至2018年，卡塔尔大学已设立了9个学院，分别为：文理学院、经济管理学院、教育学院、工程学院、卫生学院、法学院、医学院、药学院、伊斯兰教法和伊斯兰研究学院，按国际标准为2万多名男女学生提供优质教育。

卡塔尔大学的教学大纲、课程设置、教材编排都严格遵照国际标准，一些课程和专业已获得国际上最优秀的学术机构认可。卡塔尔大学设有74门课程，其中包括25门硕士学位课程、4门博士学位课程、4门文凭课程以及药学专业的“药剂师”证书课程。

卡塔尔大学承担着人才培养和科学研究的双重任务。学校建有一幢研究大楼和14个研究中心，经常结合社会实践，开展各项科研活动，尤其是与社会问题相关的各种研究，如交通安全、环境保护、人口密度调查、生物医学研究、海湾问题研究和聚合物研究等。2014年，卡塔尔大学绘制了一份研究路线图，明确了其作为卡塔尔研究引擎的重要作用，并确定了之后五年的优先研究事项，即能源、环境和资源可持续性，社会变化和特征，人口与健康，信息和通信技术等。

多年来，卡塔尔大学已为国家输送了大量优秀人才，出版了许多具有一定学术价值的图书，与海湾地区、阿拉伯国家以及世界上其他国家的一流大学建立了密切的校级联系。

2. 卡塔尔基金会

卡塔尔基金会，全称为“卡塔尔国教育科学与社会发展基金会”。这是一个私人的、非营利性的慈善组织，在卡塔尔教育事业发展过程中发挥了非常重要的作用。基金会于1995成立，由时任卡塔尔埃米尔的哈马德·本·哈利法·阿勒萨尼发起，莫扎王妃亲自担任基金会主席。基金会的宗旨是促进卡塔尔在教育、科研和社会等方面的发展，为卡塔尔培养未来的领导人，使卡塔尔成为地区变革的先锋和国际社会的榜样。

1995年初，哈马德埃米尔与莫扎王妃在乌姆卡里巴农场谈起自己的梦想，提出了通过教育来推动社会变革的想法，希望能够给卡塔尔国民在教育、卫生和社会发展方面提供更多的选择。两人一起讨论了对卡塔尔未来的设想，并开始制定具体的执行方案。

1995 年 8 月，哈马德埃米尔和莫扎王妃一起为卡塔尔基金会奠基，基金会主席由莫扎王妃亲自担任。毕业于卡塔尔大学社会学专业的莫扎王妃，一直非常重视和关注卡塔尔的教育改革。她说："我们希望通过学术引进计划全面提升卡塔尔的社会发展水平，让国民能够保持开放的理念，成为具有批判性想法的思考者。"这正是莫扎王妃在教育改革方面所倡导的核心理念，而在多哈建立的教育城恰恰是这一核心理念的生动体现。

3. 卡塔尔教育城

教育城位于首都多哈市近郊，占地 12 平方公里，1995 年奠基，2003 年正式投入运营。

创办教育城的理念是由卡塔尔国现任埃米尔的父亲哈马德·本·哈利法·阿勒萨尼提出的。针对教育资源有限的情况，卡塔尔希望加强与世界各国教育界的联系，寻找有利于本国教育发展的各种途径。

教育城是卡塔尔基金会的旗舰项目。城内设有从幼儿园到大学的 K12 完整教育系统。从 1996 年开始，一些国际知名大学陆续在这里开设分校。为了促进教育城的发展，卡塔尔基金会一直在财政上给予大力支持。据美国校方统计，仅城区内的美国高校，卡塔尔基金会每年的资助金额就高达 3 亿多美元。来自美国的弗吉尼亚州立联邦大学、康奈尔大学威尔医学院、得克萨斯州农工大学工程学院、卡内基梅隆大学商业管理与信息科学学院、乔治敦大学和美国西北大学等高等教育机构都在这里设立了分支机构和分校区。此外，法国的巴黎高等商学院（HEC Paris）为教育城提供商业管理类课程，英国的伦敦大学学院（UCL Qatar）则提供考古、文化遗产和博物馆专业的研究生课程。

教育城内有两所卡塔尔本地的著名高校，卡塔尔伊斯兰研究学院和哈马德·本·哈利法大学（Hamad Bin Khalifa University）。前者主要提供伊斯兰教课程；后者是一所综合性大学，拥有伊斯兰研究学院、人文社会科学院、科学和工程学院、法律和公共政策学院、生物医学学院五大院系。

综观教育城的学校状况，不难发现这些院校的专业横跨艺术、理工、医学、人文等多种学科，基本保证了学科的多样性和全面性。大多数学科实用性很强，培养出来的人才基本上可以直接上岗。

教育城大约有51%的学生来自卡塔尔以外的国家。为了吸引更多的国际学生到卡塔尔学习，卡塔尔制定了为国际学生提供资金支持的政策，学生毕业后只要在卡塔尔工作一段时间，就不再需要以现金形式偿还助学金。卡塔尔的大学毕业生相当抢手，通常在大学二年级或三年级时就有公司前来“预订”，并在其毕业时正式签订就业合同。

除了上面提到的知名大学，教育城内还设有3所特殊学院。

（1）卡塔尔科学院（Qatar Academy）。这是一所覆盖K12全阶段教学的国际学校，招生对象是学习成绩拔尖的学生，教学过程注重个体化差异性辅导，相当于一所精英学校。

（2）学院衔接中心（Academic Bridge Program）。成立于2001年，专门为精选出来的中学生提供大学预科课程，协助他们进入教育城中的高等学府或者全球顶级高校。这是一个“特训营”性质的学习中心。

（3）阿瓦萨吉学院（Awsaj Academy）。这是一家特殊学校，成立于1996年，主要服务于K12阶段有学习障碍的学生，已经得到国际学校理事会（CIS）和美国中部协会（MSA）的学历认可。

教育城的建立主要可以发挥以下三方面的作用。

（1）带动产业链的发展。教育是基础，是产业的源泉，最终目的之一是要带动全产业链的发展。卡塔尔教育城在这一点上做得较为成功。卡塔尔国家发展规划部门负责列出未来10年卡塔尔经济发展所需要的人才种类名单，然后由教育城根据名单去找这些领域内最优秀的大学进行磋商和合作办学。由于这些学生所学的专业实用性和针对性都很强，因此，学生毕业后能够迅速胜任在当地政府、私企、医院和媒体等不同领域的工作。

（2）形成产业共同体。教育城中有多个直接与高校对接的科研中心与企业园区，其中最著名的是卡塔尔科学技术园。这是一个国际性技术型公司的联合组织，始建于2006年，初期投资约6亿美元，目前已经有20多家企业进驻，其中不乏国际知名的跨国公司和高科技公司，如美国通用电气（GE）、微软、思科、埃克森美孚、康菲、英国壳牌等企业。政府也在进一步提供资金支持，争取吸引到更多高质量企业。教育城里还设有广播媒体频道，及时传播教育资讯、产业信息和国家动态。这就形成了教育与全产业链的有效衔接，而且这种一体化设计可以让高校和高校、高校和企业之间的资源共享更为便捷，将教育城的“产能”最大化。

（3）实现教育变革。在 D. J. 布鲁尔（D. J. Brewer），C. H. 奥古斯丁（C. H. Augustine）等人合著的《新世纪的教育：论卡塔尔国 K12 教育变革的设计与贯彻》（*Education for a New Era: Design and Implementation of K-12 Education Reform in Qatar*）中，作者将教育城的建立形容为教育史上“里程碑式的一步”。认为教育城引入国际先进经验，借鉴国际知名学校的办学模式，刺激了卡塔尔国内教育系统的进一步开放。这一举措，不仅扭转了卡塔尔教育陈旧落后的局面，完善了整个教育系统，而且有效带动了国家的经济增长，在拉动国内市场、引进国外资本方面效果显著，为整个国家的全面、均衡发展下了一步“妙棋”。

三 世界教育创新峰会

莫扎王妃曾说：“对教育和知识的关注与投入，将为我们未来的发展带来无限可能。”基于这一认知，2009 年卡塔尔正式启动了“世界教育创新峰会”（World Innovation Summit for Education，WISE）计划。这是目前世界范围内唯一关注教育创新的跨领域国际会议，旨在促进各领域间的全球合作并寻找教育创新的方案，把先进的教育实践推广至全世界。峰会秉承的理念为：创新能够对教育做出积极的贡献。这一理念体现在全面学习、终身学习、随时随地学习三个方面。

近年来，在世界教育创新峰会上先后有联合国前秘书长潘基文、澳大利亚前总理吉拉德、英国前首相布朗、联合国教科文组织前任总干事博科娃等参会并进行演讲。

除了一年一度的峰会之外，“世界教育创新峰会”计划还设立了一系列奖励项目，包括世界教育创新峰会教育奖、项目奖、学习者之声项目奖等。其中世界教育创新峰会教育奖是一个面向全球的教育大奖，旨在表彰在教育领域做出突出贡献的个人或小型团队，团队成员一般不超过 6 人。这一奖项被 BBC 等媒体誉为“教育界的诺贝尔奖”。

中国的同心实验学校（2013）、新教育实验（2014）、网易公开课（2015）和一公斤盒子（2016）曾分别入围 WISE 教育项目奖。

得以入围 WISE 教育奖的项目均需满足一系列标准，包括创新性，清晰的项目发展规划，稳定的资金来源，以及可复制和可规模化推广的潜力。同时，这些项目必须证实可以对个人、社区及社会产生变革性的影响。

第二节　科学技术

一　科技简况

长期以来石油和天然气是卡塔尔赖以发展的两大支柱产业。但卡塔尔早就意识到资源总会有枯竭的一天，因此一直在尝试降低自身对自然资源的依赖，将发展重心转向人力资源，通过加大对教育和研究的投入，为进入“无碳时代”做准备。2017 年，全球专业信息分析公司爱思唯尔（Elsevier）对 77 个国家进行了分析评估，评估结果显示卡塔尔已成为世界上最吸引研究人员的国家之一，越来越多的科研人员来到卡塔尔，科研人员净移入比率达 11%。

独立之初，卡塔尔的科研能力还非常不足。1995 年哈马德·本·哈利法·阿勒萨尼登上埃米尔之位，开始为将卡塔尔建设成为一个现代化国家而努力。2003 年，卡塔尔颁布《卡塔尔国宪法》，其中第二十四条规定：国家重视科学、文学、艺术和民族文化遗产，保护和协助其传播，鼓励科学研究。从此以后，卡塔尔开始步入科研发展的快速轨道。

2008 年，随着卡塔尔发布《2030 年国家愿景规划》，政府开始加大对教育和科研的投入，希望通过大力发展人力资源，成为海湾地区第一个将知识经济纳入国家愿景的国家。

至2017年，卡塔尔的科研人员数量已达2000多名，其中包括数百名科学家。卡塔尔基金会计划到2030年将卡塔尔科学研究人员的数量增加到15000人。

为了培养本土科研人员，2014年卡塔尔制订了“科学先驱者计划”，旨在为卡塔尔青年学生提供参与科研工作的机会。根据这一计划正在培养的学生有115名，他们是卡塔尔未来科学家的后备力量。截至2018年，“科学先驱者计划”已培养出15名毕业生，分别在卡塔尔基金会开办的各大研究所和研究中心工作，如卡塔尔心血管研究中心、卡塔尔环境和能源研究所、锡德拉医学和研究中心、卡塔尔基金会的研发部门和卡塔尔生物医学研究所等。

从目前来看，卡塔尔知识经济的发展对外来移民的依赖程度较高，但拥有充足的资金无疑是其一大优势。

二　科研投入与国际合作

目前，卡塔尔将石油和天然气产业收入的2.8%用于支持研究，每年约为1亿美元。这笔投资旨在加速能为国家、地区和世界带来益处的研究，进而树立卡塔尔在国际科研领域的领先地位。

卡塔尔国家研究基金（QNRF）创立于2006年，到2012年已资助700多个科研项目，资助费用高达6亿美元。该基金对1～3年期的国家重点研究项目每年提供最高达35万美元的资金支持。

卡塔尔国家研究基金主要用于投资基础设施和设备，而卡塔尔基金会已将康奈尔大学、卡内基梅隆大学、乔治敦大学等全球顶尖大学引入国内设立分校，政府也积极从基层开始构建研究版图，支持新成立的科研单位发展基础设施，努力创造有利于研究的环境和氛围。

国家重点研究项目鼓励加强科研领域的国际合作，平均提供85万美元的奖金，其中35%的金额提供给国外合作方，而剩下的金额可提供给国内合作单位。该项目鼓励科研人员通过公私合作关系开展国际合作，这种合作模式已成功吸引了全球的科研人才。

此外，卡塔尔还有许多吸引人才的条件，如学术人员的工资堪比西方国家，而且收入不用纳税；教授除了有住宿和交通补助外，还能根据基本工资分配补助津贴；国家还有完善的带薪休假制度。

三　科研机构

20 年来，卡塔尔基金会在帮助卡塔尔建立和发展知识型经济方面发挥了关键作用。卡塔尔基金会于 2006 年设立了卡塔尔科学研究促进基金，旨在鼓励工程、技术、生物、医学、人文、社会科学以及艺术等领域的创新，指导在能源和环境，计算机科学、信息和通信技术，卫生，社会科学、艺术和人文科学等国家研究战略的四大支柱领域进行投资。

卡塔尔的主要研究机构有卡塔尔科技园、卡塔尔生物医药研究所和卡塔尔计算机研究所等。

1. 卡塔尔科技园

卡塔尔科技园坐落于教育城内，占地 123 公顷，是卡塔尔基金会的重点项目之一，始建于 2006 年，初期投资约 6 亿美元。卡塔尔科技园致力于为各大公司提供有利于产品研发的合适环境，是科学和技术发展的主要孵化器。

科技园里设有展示厅、办公室、干湿实验室等，并建有教学医院和会议中心。一期工程占地面积 11.5 万平方米，核心部分是 1.2 万平方米的孵化器中心，设置了管理办公室和商务中心。孵化器中心的旁边是信息交换中心的实验室，每座实验室有 2 万平方米。

科技园位于卡塔尔教育城内，后者吸引了世界上一些顶尖的学者来这里做研究。教育研究和应用研究成为这座科技园的主要推动力。

为了实现将园区建成中东地区科研中心的目标，吸引国际重量级企业加盟，卡塔尔对科技园实行自由区政策。其优惠政策包括：园区内可建立 100% 的外资企业，外籍雇员不受限制，在园区内创业无须当地代理和担保人，进口商品和服务免除关税，企业利润可自由汇往国外。

已进驻科技园区的 20 多家外国公司中不乏国际知名跨国公司和高科技公司，如欧洲航空防卫与空间公司（EADS），美国通用电气、微软、思科、埃克森美孚、康菲，英国壳牌、维真集团，法国道达尔，挪威海德鲁铝业，印度塔塔集团，等等。已投入的外资共计约 2.25 亿美元。

2. 卡塔尔生物医学研究所（QBRI）

卡塔尔生物医学研究所是哈马德·本·哈利法大学内的一个开创性的国家研究机构，通过促进乳腺癌、乙型糖尿病、神经障碍等疾病的早期诊断、治疗和管理，以改善个性化的医疗保健。该研究所专注于基因组医学，生物医学工程，干细胞和基因治疗，主要关注糖尿病、癌症和神经系统疾病。

研究所下辖三个研究中心：糖尿病研究中心，癌症研究中心和神经障碍研究中心。中心灵活的组织结构能够保证对卡塔尔社会迅速变化的医疗、生物医学和卫生保健需求做出快速反应，能够迅速适应新的科学和技术进步，从而始终保持生物医学研究的前沿位置。中心致力于培养新生代科学家和高技能科研人员，为青年科学家和科研人员提供培训和指导。

卡塔尔被看作中东地区培养科学研发能力的先驱，对干细胞生物学的关注表明其致力于推动个性化医学的发展。

3. 卡塔尔计算机研究所（QCRI）

卡塔尔计算机研究所于 2010 年由卡塔尔基金会旗下的教育科学和社会发展基金资助成立，旨在推动卡塔尔、泛阿拉伯地区乃至全球范围的计算机科学的发展，并为卡塔尔《2030 年国家愿景规划》战略服务。研究所的主要目标是解决大规模的计算挑战，关注与国家发展有关的事项，改善包括网络安全、数据分析、分布式系统、计算工程和社交计算等在内的关键技术。

卡塔尔计算机研究所有 100 多名科学家，分别来自 25 个国家的著名学府和科研机构，如卡内基梅隆大学、普渡大学、滑铁卢大学、爱丁堡大学、加州大学伯克利分校和微软研究院等。

卡塔尔计算机研究所与世界各地的主要研究组织、实验室和学术机构建立了合作关系，通过开展高质量的研究并传播研究成果，提供应对重大科学和技术挑战的前瞻性解决办法，营造道德、科学和诚信的研究环境，在全球研究机构和学术机构中发挥领导作用。

四　科技战略

卡塔尔对于本国科研与未来发展有一个明确的规划。卡塔尔政府认为，现在卡塔尔的经济主要依赖能源，但随着社会的发展，卡塔尔需要寻找更具有潜力和可持续发展的支柱产业，那就是科技与教育。

卡塔尔基金会的成立，就是为了通过创新、创业和发展知识密集型行业，实现经济多样化和可持续发展，使卡塔尔成为一个能够取得卓越科学成就，勇于创新，兼收并蓄，具有全球视野的国家。

2018 年，卡塔尔宣布将科学、技术和创新列为国家优先事项。卡塔尔还宣布将成立专门的科学技术学校，开设信息技术课程，重点培养学生的科学研究技能，将科技作为专业课程纳入卡塔尔的教育体系。另外，卡塔尔计划通过一系列竞赛，如全国普通教育科研竞赛、高中科研方案竞赛等，每年一次集中展示学生的研究成果，对优秀者予以奖励。

第三节　文学艺术

一　概况

卡塔尔文化受传统的贝都因文化影响最大。1939 年发现石油之前，半岛恶劣的气候条件迫使居民向大海讨生活，因此文学作品多与当时的生存环境有关，民间故事以及其他文学题材都来自与海洋相关的日常劳动和生活。公元 7 世纪末，诗歌和歌曲是流传最广、影响最大的口头艺术形式，其他如书法、建筑和编织作为伊斯兰视觉艺术的表现形式广为流传。阿拉伯书法，受伊斯兰教的影响，内容通常摘自《古兰经》段落，造型美观，变化多样，是社会上备受推崇的艺术珍品。书法艺术除了用于官方的徽标设计，还可以通过纸张、瓷砖、地毯、墙饰、雕刻碑文等诸多形式呈现。石油经济兴起后，绘画、造型等其他艺术形式也在卡塔尔文化中渐渐占据了一席之地，出现了艾明 · 马拉、阿里 · 哈桑等油画家。

从伊斯兰教传播前的蒙昧时期开始，诗歌一直是阿拉伯文化不可分割的一部分，是民间口头文学的重要表达形式，古老的阿拉伯文化传统通过诗歌代代相传。一旦哪个部落出了诗人，整个部族都会为之感到骄傲。公元 7 世纪末，卡塔尔诗人兼文学家卡塔尔·伊本·富加在整个阿拉伯帝国中享有盛名。他的诗歌充满激情，至今仍为阿拉伯社会所称颂。那个时候，女性创作的诗歌主要用来表达哀伤的情感，相当于挽歌。纳巴泰诗歌是口头吟诵的诗歌，卡塔尔奠基者贾西姆·本·穆罕默德·阿勒萨尼擅长纳巴泰诗歌创作，他创作的纳巴泰诗歌后来对卡塔尔社会产生了很大影响。

20 世纪 50 年代，卡塔尔文学开始有了新的发展，出现了著名的文学家兼诗人阿卜杜·穆阿维达和女诗人兼文学家杏德·萨拉曼。同一时代的统治者阿里·本·阿卜杜拉·阿勒萨尼也是一个文学家，其文学作品流传至今。

卡塔尔现代文学运动始于 20 世纪 70 年代，与卡塔尔其他艺术形式最大的不同就是卡塔尔女性的积极参与，而且其参与度和男性不相上下。现代文学运动发源之初，女性的早期作品大多是发表在报纸上的挽歌。库尔苏姆·贾比尔是第一个发表系列短篇小说的卡塔尔女性，也是第一个有重要文学作品问世的卡塔尔女作家，她出版的短篇小说选集《安娅与嗫嚅的寂静森林》收集了她 1973 ~ 1978 年创作的短篇小说，作品的主题思想主要是表达卡塔尔妇女对重建社会规范和文化标准的渴望。20 世纪 90 年代末开始出现中长篇小说。著名作家为黛拉勒·哈利法和舒阿娴·哈利法两姐妹。她们的作品有《人与湖的传统》和《海的旧梦》等。

从 1972 年起，卡塔尔通过成立戏剧团体，参加海湾地区、阿拉伯国家和国际上其他国家的戏剧节，每年在国内举办戏剧节等方式，推动本国戏剧事业的发展。2014 年，卡塔尔成立了一个专门委员会负责儿童戏剧节的相关事务。卡塔尔还创办了多哈电影学院，于 2009 年与美国影星罗伯特·德尼罗联合引入了“多哈翠贝卡国际电影节”。除此之外，卡塔尔还成立了一些专业学校，专门教授戏剧、音乐和视觉艺术等。

从 2012 年开始，卡塔尔每年选一个不同的国家进行文化交流，增进不同民族之间的相互了解，吸引全球艺术家来到卡塔尔，让世界了解包括卡塔尔在内的阿拉伯艺术家。到目前为止，卡塔尔已经与日本、英国、巴西、土耳其、中国、俄罗斯等国家合作举办了文化年。

卡塔尔依靠丰富的石油和天然气资源在经济上迅速崛起后，并不满足于物质上的富足，而是追求在国际上扩大文化影响力，凭借雄厚的资金实力来推动卡塔尔的艺术与文化变革。在2012年的TED大会演讲中，卡塔尔博物馆局主席玛雅莎公主毫不讳言把卡塔尔打造成“多元文化的国际中心”的雄心。她说：“很多人都说让我们建起沟通的桥梁，坦率说我想做的不止这些，我更想推倒东方与西方之间无知的墙，文化是团结人们非常重要的方式。”经过多年的努力，卡塔尔在文化建设方面彰显了自己的特色，通过汲取世界多元文化和艺术，实现自我创新和发展，从而在全球文化艺术产业中占据了重要的地位。多哈在近年正广泛地被西方媒体称作中东地区“冉冉升起的艺术之都”，卡塔尔也正朝着多元文化国际中心的方向迈进。

二　传统民间艺术

发现石油之前，卡塔尔人主要以捕鱼和采集珍珠为生。卡塔尔民间音乐的起源和发展也与大海密切相关。采珠的歌曲是卡塔尔民间最为流行的音乐形式，专门由男性演唱。虽然每首歌节奏不同，但都是讲述去海里采集珍珠的过程，一般来说合唱是每首歌曲中不可缺少的一部分。按照当地习俗，每条采珠船上都配有一名专门的歌手，当地人称之为“纳哈姆”。

与男性歌唱内容不同，卡塔尔女性歌唱更多的是与日常生活相关的主题，如磨麦子、做饭等场景，通常是以小组合唱的方式来呈现。有的歌曲专门为某一项劳动而作，有的则是泛泛歌唱，没有特定的内容。每当看到采珠船的时候，卡塔尔妇女都会聚集在岸边，一边拍手一边唱歌，用歌声来表达采珠工作的艰辛。

民间舞蹈也是延续至今的卡塔尔传统文化的一部分，舞者均为男性。其中有一种叫阿尔达（Arda）的舞蹈，起源于战舞，舞者佩剑，斜挂肩带，一边拍打手鼓，一边有节奏地摆动身体。人们通常在举行婚礼或其他公开庆祝活动时跳这种舞蹈。

除了音乐和舞蹈，海娜传统艺术彩绘也是卡塔尔流传已久的民间艺术。海娜是一种天然植物染料，由树叶磨粉制成，数百年来一直是卡塔尔女性青睐的传统化妆品。今天这种染料仍被广泛用于人体彩绘以及头发、指甲等的染色，在婚礼和其他庆典场合，海娜艺术彩绘更是一种不可或缺的装扮。

在卡塔尔的传统民间艺术中，还有三种艺术形式也是不容忽视的，那就是石膏雕刻、编织工艺和传统刺绣女装。

卡塔尔石膏矿产丰富，石膏雕刻是卡塔尔的一大艺术瑰宝。石膏在普通人眼中只是一种广泛应用于建筑和建筑装饰的材料，但在卡塔尔的能工巧匠手里，这种软矿石可以被轻松雕刻和塑造成各种各样的精美艺术品。

卡塔尔有一种古老的手工艺编织品，名叫“萨都”（Al-Sadu），是当地妇女用骆驼毛和山羊毛编织成的传统贝都因地毯、帐篷和枕头等。她们使用的手工编织设备由木头制成，当地人称之为“驽儿”（Nool）。

卡塔尔的传统刺绣女装闻名海湾，被称为“纳纱尔”（Nashal）。这种女装一般是拖地长裙，袖口宽大，裙上配有色调和谐的手工刺绣，刺绣图案首选象征幸福与美丽的玫瑰花。上等刺绣女装价格不菲，既是卡塔尔妇女的节日礼服，又是一种艺术表演服装。

三 文化机构

1. 卡塔尔文化体育部

2016年1月27日，卡塔尔青年和体育部与文化、艺术和遗产部合并成立文化体育部。除了负责青年事务和体育事务外，该部还负责管理卡塔尔文化、艺术和遗产事务，保护和研究民间、民族和伊斯兰文化遗产，组织国家重大文化活动，为文化艺术团体颁发许可证，对广播电台、电视台的设立和播放内容进行审批和监管，对印刷品、报纸、期刊及艺术作品进行审批和监管。

卡塔尔希望通过文化和体育领域的变革，从祖辈留下的文化遗产中汲取营养并加以发扬光大，使每一个卡塔尔人都成为有尊严、少说话多干事、尊重他人并具有高尚道德情操的人，培养青年一代立志创新、锐意改革的精神。

卡塔尔文化体育部主要官员有文化体育大臣、次大臣和两位次大臣助理，他们具体所辖的行政部门见表6-1。

表 6-1　卡塔尔文化体育部主要官员及其所辖行政部门

主要官员	所辖行政部门
文化体育大臣	大臣办公室
	内部审计司
	计划和质量司
	法律司
	公关和联络司
	广播许可证管理司
文化体育次大臣	次大臣办公室
	人力资源司
	财务司
	信息司
主管文化青年事务的次大臣助理	次大臣助理办公室
	文化艺术司
	公共图书馆及遗产司
	青年事务司
	文化研究司
	印刷出版司
主管体育、素质和项目的次大臣助理	次大臣助理办公室
	体育司
	素质和项目司

2. 卡塔尔博物馆局

卡塔尔博物馆局于 2005 年由卡塔尔前任埃米尔哈马德·本·哈利法·阿勒萨尼创建，2006 年玛雅莎·宾特·哈马德·本·哈利法·阿勒萨尼公主（Sheikha Al Mayassa bint Hamad bin Khalifa Al Thani）被任命为博物馆局主席。

在依靠石油和天然气带来的巨额收入实现了国民经济高速增长后，如何为将来的后石油时期做准备一直是卡塔尔所要面对的重要课题。从碳氢经济转向知识经济，文化和教育无疑是实现这一转变的关键。卡塔尔博物馆局的成立就是希望卡塔尔在博物馆、艺术和历史文化遗产领域成为世界先锋，在中东地区乃至世界范围内成为最具活力的艺术、文化和教育中心。博物馆局的职责是全面负责博物馆和文化项目的开发，为卡塔尔建立起强大和可持续的文化基础设施。

进入21世纪以来，卡塔尔首都多哈开始了一系列博物馆工程的建设，除了已建成的伊斯兰艺术博物馆和阿拉伯现代美术馆（Mathaf），卡塔尔博物馆局还计划修建近20座博物馆，其中包括为举办2022年世界杯而建的体育和奥林匹克博物馆。最庞大的博物馆工程项目当属2018年底正式对外开放的卡塔尔国家博物馆，该馆由获普立兹克奖的著名法国建筑师让·努维尔（Jean Nouvel）负责设计，内部由12个美术馆组成，巨细无遗地向卡塔尔国民及来访者展示了卡塔尔文化。

卡塔尔博物馆局主席玛雅莎公主一直秉持“艺术改变卡塔尔”的理念，主张即使是备受争议的艺术也能开启不同国家、不同民族和不同历史的交流。玛雅莎公主认为，对艺术世界前沿的关注对于有抱负的卡塔尔年轻艺术家来说至关重要，国家未来的发展也需要对彼此文化的相互理解和尊重。“我们不希望千篇一律，希望能彼此尊重和理解。”玛雅莎公主曾说：“我们不断试着跨越不同世界和文化，试着面对不同期望带来的挑战。”让文化机构成为文化活动的策动者，成为全世界艺术项目的催化剂，吸引全球艺术家来到卡塔尔，让世界了解卡塔尔，让卡塔尔了解世界。这就是玛雅莎公主所追求的目标。

四　文化设施

1. 卡塔拉文化村（Katara Cultural Village）

卡塔拉文化村占地99公顷，位于多哈市东海滨、卡塔尔明珠（又名珍珠岛）金色沙滩岸边，是卡塔尔最大的文化项目之一，2010年正式对外开放。卡塔拉文化村堪称卡塔尔的文化艺术基地，旨在培育和发展卡塔尔的文化艺术产业，提高国民文化艺术修养，吸引更多的游客到访卡塔尔，使之成为中东地区的文化和艺术灯塔。

卡塔拉文化村由国有文化公司管理运营，有管理人员300多人。在文化村里，仅剧场就有3个。这里建有世界顶级的歌剧院，建筑材料、舞台和音响设备都是从国外进口的，几乎每天都安排演出。文化村还有世界最

大最先进的圆形露天剧场，是仿古希腊、古罗马的圆形露天剧场所建，能容纳 5000 名观众。这么大的露天剧场并没有安装扩音设备，而是采用天然扩音原理，在舞台演唱，剧场各个角落都能清楚听到。除此之外，文化村还有画廊、艺术品展示中心、电影院、影视制作中心等许多文化设施。卡塔尔的文化机构经常在文化村举办各种各样的文化活动，同时，这也是世界性的文化活动场所，每年有大量来自世界各地的文化活动在这里举办，呈现出文化的多样性和丰富性。

2. 伊斯兰艺术博物馆（Museum of Islamic Art）

伊斯兰艺术博物馆位于卡塔尔首都多哈市海岸线之外的人工岛上，占地 4.5 万平方米，筹备历时 10 年之久，投资 3 亿美元，于 2008 年 12 月 1 日正式开馆。博物馆由著名的美籍华人建筑师贝聿铭（Ieoh Ming Pei）设计，被誉为贝大师的封山之作。为了充分体现伊斯兰建筑的本质和精髓，贝聿铭认真研读伊斯兰文化，亲自前往西班牙、印度、叙利亚、突尼斯、埃及等地采风。最后贝聿铭大师在埃及开罗的伊本·图伦清真寺获得了灵感，创建了这座外观简洁、由大块几何图形叠加而成的标志性建筑。

为了避免新建的伊斯兰艺术博物馆被湮没在周边新建的建筑群中，贝聿铭还特意要求卡塔尔政府建造一个独立的人工岛，将博物馆建在人工岛上。卡塔尔政府最终同意了他的要求，花巨资修建了人工岛，并在道路两旁种上了棕榈树。

卡塔尔政府希望以打造这个新的伊斯兰艺术博物馆为契机，将卡塔尔打造成中东的文化中心，以此吸引全球艺术机构的目光。如今，该博物馆已成为卡塔尔的文化象征和国家名片。

伊斯兰艺术博物馆内至少有 4500 件藏品，但每次仅展出 850 件藏品。馆内收集并保存了来自世界各地的伊斯兰艺术品，横跨 7 世纪到 19 世纪的时间长河，被认为是迄今为止最全面的以伊斯兰艺术为主题的博物馆。大部分展品是卡塔尔王室在世界各地参加拍卖会所拍得的文物，属于顶级藏品。

伊斯兰艺术博物馆对公众免费开放，馆内各种服务设施齐全。开放时间为周六到周四的上午 9：00 至晚上 7：00，周五下午 1：30 至晚上 7：

00。闭馆前半小时停止进入，展厅、纪念品商店和咖啡馆等闭馆前半小时陆续关闭，博物馆花园则是 24 小时开放。每逢周六和周四下午 2：00，馆内会提供 40 分钟的阿拉伯语和英语免费导游服务。游客注意事项包括：馆内禁止吸烟；游客需注意着装；展厅内禁止使用相机三脚架；大包需存放；等等。

伊斯兰艺术博物馆网址：http：//www. mia. org. qa/ar/。

3. 艾祖巴拉城堡（Al Zubara Fort）

艾祖巴拉城堡位于卡塔尔半岛西北沿岸，距离首都多哈 105 公里，这里曾经是卡塔尔海岸线上一个著名的要塞。

艾祖巴拉考古遗址被认为是卡塔尔最丰富的考古遗址，经过精心修复的考古区占地 60 公顷，由外墙、内墙、隔离墙、城堡、宫殿、清真寺、街道庭院等组成，为游客了解当地人曾经的生活提供了重要依据。

艾祖巴拉在 18 世纪末 19 世纪初曾是该地区重要的采珠小镇和贸易港口之一，是连接印度洋的贸易通道中的重要一站，也是波斯湾 18 世纪至 19 世纪保存最完好的、规模最大的商业小镇。这个繁华的小镇于 1811 年被摧毁，在 20 世纪早期被完全遗弃，后经修复保存至今。2013 年 7 月，艾祖巴拉城堡被联合国教科文组织评定为世界文化遗产，这也是卡塔尔第一个世界文化遗产。

4. 阿拉伯现代艺术博物馆（Mathaf Arab Museum of Modern Art）

阿拉伯现代艺术博物馆占地 5500 平方米，位于多哈教育城内，由法国建筑师让－弗朗索瓦·博丹（Jean-Francois Bodin）从一所旧学校改建而成，2010 年 12 月 30 日正式对外开放。“Mathaf”在阿拉伯语中就是博物馆的意思，该馆成立的宗旨：支持当代艺术创造，促进艺术对话，激发艺术新思维。

阿拉伯现代艺术博物馆的藏品主要来自哈桑·本·穆罕默德·本·阿里·阿勒萨尼的捐赠，截至 2014 年，这个博物馆收藏的艺术品已达 9000 多件，基本涵盖了阿拉伯现代艺术的全貌，代表了阿拉伯文化和中东的艺术水平，全面展示了 19 世纪 40 年代至今的阿拉伯现代艺术。

2011年12月5日至2012年5月26日，阿拉伯现代艺术博物馆为中国著名当代艺术家蔡国强举办了“海市蜃楼”展。这是该博物馆首次举办个人展，共展出了艺术家蔡国强的50多件作品，其中包括17件新作。

5. 卡塔尔国家博物馆

卡塔尔国家博物馆位于首都多哈滨海大道的东侧，老的国家博物馆由老王宫改建而成，于1975年正式对外开放。新的国家博物馆由法国建筑师让·努维尔担纲设计，原本预计2016年完工，后延至2018年12月底。博物馆的设计灵感来自沙漠玫瑰（Desert Rose），博物馆外形远看像一片片花瓣，造型新颖别致。

卡塔尔国家博物馆被称为见证卡塔尔历史的博物馆，集中展示了卡塔尔文化的精髓。

博物馆永久性展厅建筑面积约8000平方米，临时展厅面积约2000平方米。该博物馆由四个部分组成。（1）旧王宫，建于1901年，是首任埃米尔阿卜杜拉·本·贾西姆·阿勒萨尼的住处和办公地，1972年经翻修和加固改建成博物馆。（2）新楼，是在对旧王宫进行翻修加固的同时，在其北侧盖的一座新楼，共三层。顶层是图书馆和办公室；中层为科教电影放映厅，介绍阿拉伯半岛和卡塔尔的地质形成史；底层为地下展厅，陈列着与中世纪的伊斯兰文化艺术、科学、近代游牧生活、现代史、地质学和石油等有关的图片和文物。（3）海洋博物馆，1977年10月建成，陈列着海湾地区的多种海洋鱼类、生物以及贝壳、珍珠等标本。（4）海水湖，在旧王宫的东侧，陈列着卡塔尔制造的传统木船，湖底有管道与海洋相通。

6. 卡塔尔国家图书馆

卡塔尔国家图书馆位于多哈教育城，占地4.2万平方米，于2018年4月16日正式对外开放。该馆藏书逾百万册，其中包括中东地区极其罕见的手稿，同时还有50万种电子产品。这个图书馆是由莫扎王妃提议卡塔尔基金会支持修建的项目，被认为是卡塔尔走向知识型经济的一项重要举措。

卡塔尔国家图书馆由中国读者熟知的央视总部大楼——大裤衩的荷兰设计师雷姆·库哈斯（Rem Koolhaas）设计。这是一座单一空间的图书馆，没有传统意义上的书架，书籍被放置在一个个逐渐上升的台阶上。公共图书馆可同时容纳数千名读者，阅读区直接在地面摆放了懒人沙发，人们在这里可以休息、阅读，也可以作为一个社交场所。在二楼的一个区域内还有玻璃球形悬吊椅，可以坐在里面非常放松地看书。文化遗产区是另一个设计重点，位于整个图书馆的中心位置，而且是一个下沉的空间。整个空间由米黄色大理石贴面组成，深度达 6 米。在上方的白色大理石地面映衬下，文化遗产区就像一个考古挖掘现场。

图书馆采用了许多先进技术，如书籍自动分类系统、行人捷运系统和电子标签等，人们可以很方便地从百万册馆藏书籍中检索出自己所需要的图书。

所有卡塔尔公民以及生活在卡塔尔领土上的外籍人士都可以享受卡塔尔国家图书馆的设施、设备和服务。卡塔尔希望将国家图书馆建设成国际上最领先的学习、研究和文化中心，尽可能保护本国和本地区的历史文化遗产，鼓励和促进知识文化领域的独立性和创造性。

7. 酋长博物馆

卡塔尔多哈附近的费萨尔·本·卡西姆·阿勒萨尼酋长博物馆（Faisal Bin Qassim Al Thani Museum），俗称酋长博物馆，占地 53 万平方米，位于卡塔尔赖扬市，建在萨姆里亚的一座古堡里，于 1998 年正式对公众开放。这是一家私人的公益性博物馆，也是卡塔尔历史最悠久、规模最大、藏品最多的私人博物馆。

博物馆由三幢建筑物组成，展品超过 1.5 万件，包括瓷器、家具、化石、绘画、相册、邮票、钱币、地毯、挂毯、日用品、汽车、渔船、武器、飞机等，甚至还有一座完整的叙利亚大马士革古镇的房子。展品分为四个主题：伊斯兰艺术、汽车、钱币和传统的卡塔尔艺术品，其中有 8 个展厅专门展示伊斯兰艺术品，包括伊斯兰纺织室、手稿室、画廊和古兰经展示厅。博物馆里有 600 辆汽车和不同种类的摩托车、自行车，最早的车辆是 1880 年英国产的汽车，通过烧煤产生蒸汽作动力；还有一辆由中国北京汽车制造厂生产的水陆两用车。这里还有来自中国的针灸用针、瓷器、宣德炉、唐三彩、宫灯等。该博物馆于 2002 年成为联合国教科文组织国际博物馆委员会成员。

第四节　体育

一　体育概况

卡塔尔半岛三面临海，传统体育项目既有海上的也有陆地的，如赛艇、赛骆驼、赛猎隼和赛马等，其中赛骆驼、赛猎隼和赛马是最受当地人欢迎的运动。

1. 赛艇

赛艇是卡塔尔传统生活方式的一种体现，历史上卡塔尔人民的生产和生活都与海洋有关。划船出海捕鱼和采集珍珠是当年赖以谋生的手段，后发展为有趣的体育竞赛。

2. 赛骆驼

骆驼被称为“沙漠之舟”，在古代是阿拉伯人的主要代步工具。赛骆驼是卡塔尔人喜闻乐见的传统体育赛事，从蒙昧时期传承至今，是一份悠久的文化遗产。参加比赛的骆驼必须是纯种的阿拉伯骆驼，按年龄和种类分组，赛程一般为 8～10 公里。现在通用的做法是使用机器人骑手参与比赛，机器人被固定在参赛骆驼的背上，比赛时主人坐在赛道旁的汽车上，通过发出的电子指令和声音来控制机器人指挥骆驼。

3. 赛猎隼

赛猎隼是传统意义上的贵族运动，一直传承至今，是卡塔尔最受关注、最受欢迎的运动之一，但是比赛规模比以前要小。赛猎隼通常从冬季开始，一直持续到春季。其间会举办不同形式的猎隼节，有各种不同外形的猎隼在猎隼节上展示。

4. 赛马

卡塔尔历史上就有养殖阿拉伯马的传统，赛马也是这个国家最受欢迎的古老运动之一。在阿拉伯人眼里，马象征力量、勇敢和胜利。在卡塔尔人心目中，精湛的骑术暗示了一个人的出身，而成为马会会员则是个人身份的象征。卡塔尔每年会举办一系列赛马活动，比赛通常从 10 月份开始到次年的6月份结束，赛事由赛马协会和马术俱乐部组织。其中，每年举办的阿拉伯纯种马选美国际锦标赛、耐力比赛和沙漠马拉松赛都是“赛马节”的重头戏，受到国内外赛马爱好者的喜爱，同时也因其巨额奖金而受到广泛关注。

除了传统的体育项目，卡塔尔也十分重视发展现代体育运动。为了促进本国体育运动的开展，1990年卡塔尔成立了青年和体育总局（2014年后改为青年和体育部）。1995年哈马德继任埃米尔之后更是投入巨资，大力推动卡塔尔体育向专业化和职业化方向迈进。卡塔尔政府不但兴建了诸多符合国际标准的体育运动场所，而且还成立了民间奥林匹克委员会。委员会下设24个单项协会、12个一级体育俱乐部和一个女子体育委员会，为民间体育活动提供人力和财力上的支持。截至2017年，卡塔尔已建的专用体育场及配套场地共有150处。

2011年，卡塔尔设立全民健身日，时间为每年2月份的第二个星期二。设立全民健身日的目的是让全体民众意识到体育锻炼的重要性，通过锻炼拥有更健康的生活方式。卡塔尔是为数不多的专门设定全民健身日的国家之一。全民健身日已被确定为卡塔尔的法定假日，全国放假一天。在全民健身日这一天，国家所有的政府机构、私人企业和学校都要根据本单位的情况，安排适当的体育活动。

另据卡塔尔奥林匹克委员会公布的数据，卡塔尔人在地区和国际体育机构中任领导职位的有140人。这体现了这些机构对卡塔尔人在体育领域的信任，更重要的是他们为卡塔尔与地区和全世界的沟通架起了桥梁。这不但证明了卡塔尔人对体育运动的热爱，而且体现了卡塔尔欲借体育提升本国软实力的策略。

自2006年多哈亚运会开始，卡塔尔举办各类赛事场次呈逐年上升态势。仅2015年，卡塔尔就举办了64项赛事，其中国际性赛事34项，亚洲赛事6项，阿拉伯地区赛事11项，国内赛事13项。卡塔尔还是2019年世界田径锦标赛和2022年世界杯等国际大赛的举办国。大大小小的赛事已经成为卡塔尔发展体育运动、提高体育竞技水平、提升其在地区和国际影响力的重要推动力。

表 6 - 2　卡塔尔每年承办的重要体育赛事

国内赛事	埃米尔杯足球锦标赛
	多哈杯自行车赛
区域赛事	海湾青少年足球锦标赛
	卡塔尔亚洲青少年乒乓球赛
国际赛事	卡塔尔国际空手道锦标赛
	卡塔尔国际马术锦标赛
	卡塔尔国际游泳锦标赛
	多哈国际曲棍球赛事
	自行车国际金奖锦标赛
	卡塔尔国际保龄球锦标赛
	卡塔尔国际健美赛
	卡塔尔国际高尔夫球公开赛
	世界男子击剑大奖赛

资料来源：卡塔尔外交部网站，http：//www. mofa. gov. qa。

为了促进本国体育竞技水平的提高，卡塔尔在不少项目上都不惜重金聘请外籍教练和引进外籍优秀选手。引进的外籍运动员在足球、篮球、长跑等比赛项目中表现出色，为卡塔尔赢得了多项奖牌，也促进了卡塔尔体育事业的发展和本土运动员水平的提高。2006 年亚运会上，作为东道主的卡塔尔一举获得 9 金 12 银 11 铜的优异成绩，创下各项奖牌以及奖牌总数的历史新高。在 2015 年第 24 届世界男子手球锦标赛决赛中，卡塔尔队获得了亚军，这是截至目前第一支进入手球锦标赛决赛的亚洲队伍，也是继埃及和突尼斯后第三支进入决赛的阿拉伯国家队。

2019 年 2 月 1 日，在阿联酋举行的第 17 届亚洲杯足球比赛中，卡塔尔国家男子足球队在决赛中以 3∶1 的比分击败日本国家男子足球队，首次夺得亚洲杯冠军。本届赛事卡塔尔队 7 战全胜，进 19 球仅失 1 球。

二　体育与国家战略

体育作为实现经济多元化、处理公共关系和维护社会稳定的手段，已经成为卡塔尔国家战略中举足轻重的一部分。卡塔尔政府明确表示，希望通过体育塑造卡塔尔开放的国家形象，通过体育来改善和发展与其他国家的关系。

时任卡塔尔经贸大臣的艾哈迈德曾于2016年向卡塔尔半岛网吐露心声："发展体育产业是卡塔尔《2030年国家愿景规划》的重要内容。"根据《2030年国家愿景规划》，卡塔尔在制订第一个"五年计划"（2011～2016）时为体育发展战略设置了专门的章节。

事实证明，筹备和举办体育盛会可以全面提升一个城市乃至整个国家的能力，不仅使基础设施建设等硬件环境得到极大改善，而且也可以完善相关的法律法规及医疗服务体系等。

2006年多哈亚运会被视为卡塔尔举办重大体育赛事的转折点，不少观众可能对开幕式上惊心动魄的骑马点火一幕记忆犹新。此后，拥有国际女子职业网联（WTA）和ATP世界锦标赛（ATP Tour World Championship）、高尔夫大师赛、F1摩托艇世锦赛、MotoGP等赛事运作经验的卡塔尔又成功举办了2011年亚洲杯足球赛。

卡塔尔正在成为全球的体育中心，每年举办超过80场体育赛事和世界级比赛，其中包括高尔夫赛、网球赛、自行车赛、田径赛、拉力赛、摩托车赛、马术赛和汽艇赛等。除了2022年世界杯以外，卡塔尔还是中东地区第一个获得国际田联世界田径锦标赛（LAAF，2019年）和国际泳联世界锦标赛（FINA，2023年）举办权的国家。乘着这些赛事的东风，卡塔尔致力于加快体育产业的发展，场馆建设维护、通信、赛事管理、体育相关产品和旅游等行业将引发大规模的投资潮，2016年之后的7年至少将创造200亿美元的投资机会。

多项重大体育赛事的成功举办已经大大提升了卡塔尔在国际上的知名度，标志着卡塔尔在实现自身现代化和国际化的进程中又取得了丰硕成果。尤其是2022年世界杯，被认为是在卡塔尔的整个体育发展战略中展示国家形象与实力的重要一环。

三 2022年世界杯及体育场馆

2010年12月2日，时任国际足联主席的布拉特在瑞士苏黎世会展中心打开一个白色的信封向全世界媒体宣布：卡塔尔获得 2022 年世界杯举办权。

本次投票被称为“体育史上最重大的决定”。卡塔尔与澳大利亚、日本、韩国和美国同台竞争 2022 年世界杯举办权，最终在第 4 轮角逐中以 14 票力压美国的 8 票获胜。这是世界杯足球赛首次在中东国家举行，同时是继 2002 年韩日世界杯后，世界杯再一次在亚洲举行。

自获得 2022 年世界杯举办权以来，卡塔尔一直饱受争议。有关卡塔尔举办世界杯的争议主要有两点：一是卡塔尔在申办过程中是否贿选；二是在 50℃的高温下比赛是否合适，2022 年世界杯是否需要改期到冬天举行。

2015 年 9 月 25 日，国际足联终于明确宣布，由于气候原因，2022 年卡塔尔世界杯将首次放在冬天举行，比赛时间从 2022 年 11 月 21 日到 12 月 18 日，赛程将由原本的 32 天减至 28 天。比赛将在卡塔尔境内的 8 座体育场馆举行（体育场馆详细情况见本节第四部分）。

2022 年卡塔尔世界杯将有如下特色。首先，世界杯场馆等设施及所有的活动都秉承环保的理念，以绿色和可持续发展为目的。其次，8 座世界杯场馆之间相距不超过一个小时的路程，球迷们可以在一天之内轻松实现观看两场比赛的愿望。届时，将有多种公共交通可供选择，如地铁、汽车、火车、摩托车和水上出租车等。

四　体育机构与体育设施

1. 体育机构

卡塔尔体育事务由 2016 年 1 月成立的文化体育部主管，该部由原来的卡塔尔青年和体育部与文化、艺术和遗产部合并而成。青年和体育部成立于 2014 年，重点关注青少年体育人才的培养，致力于提高国家整体的体育运动水平。

为了大力推动体育运动向专业化和职业化的方向发展，卡塔尔成立了 17 个体育俱乐部，其中大部分是足球俱乐部；另外还有 5 个体育机构，分别为：卡塔尔汽车和自行车协会、赛马和马术俱乐部、卡塔尔体育联合会、帆船和水上运动协会、骆驼竞赛委员会。

2. 体育设施

据2017年统计，卡塔尔全国有体育场及配套场地150处，几乎所有的体育场馆都对公众免费开放。其中最著名的体育设施有：阿斯拜尔体育学院、哈利法奥林匹克城、哈利法国际网球和橄榄球综合馆、多哈高尔夫俱乐部球场、哈马德水上运动中心、瓦其巴女子训练中心等。

在此着重介绍一下阿斯拜尔体育学院（ASPIRE）和将要见证世界杯的8座体育场馆。

阿斯拜尔体育学院　建立阿斯拜尔体育学院，是卡塔尔为发展国内体育运动所采取的一种精英发展策略。学院占地面积约29万平方米，拥有目前世界上最大的室内体育场。2003年7月，卡塔尔政府投入巨资在哈利法体育场附近建造该体育场，由法国著名设计师罗格·塔里博特设计，耗时两年完成，体育场内部有一个标准足球场地、一个可以进行奥运会模式正规比赛的游泳池和一个跳水池，巨大的屋顶可以开启。

阿斯拜尔体育学院配套设施齐全，内含五星级酒店、科研中心、学校、宿舍和餐厅等设施。科研中心包括运动心理学、运动生理学、运动生化学等研究部门和球员潜力测试、康复中心等。2016赛季上海申花队后卫李运秋在遭受重伤后，就是在这里完成最后的康复。这里也成为世界著名足球俱乐部如曼联、拜仁慕尼黑、巴塞罗那等首选的冬训基地，媒体称之为“世界上最豪华的足球训练营”。

令人惊叹的是这里还有两间约40平方米的模拟高原训练室，可以营造海拔600～2800米的高原空气环境，可同时供10多名球员一起进行模拟训练。这种模拟高原训练室造价极高，全世界只有寥寥几个，而且大多是1平米左右的小空间。

阿斯拜尔体育学院的足球训练营，是卡塔尔花重金打造的足球训练基地，总造价估计超过200亿美元。训练营包括10块标准11人制的天然草坪足球场（卡塔尔是个极度缺水的国家），2块标准11人制的人造草坪足球场，1个室内的标准11人制足球场。主要供卡塔尔从全国各地挑选的12岁到17岁之间有足球天赋的少年训练使用。

进入阿斯拜尔体育学院的孩子和同龄人一样上学，放学后才到这里接受训练。能够进入学院训练的孩子学习成绩必须达到一定的标准。如果学习成绩不达标，即使再有足球天赋，都不会被录取。

为了让卡塔尔有足球天赋的孩子能够在最好的环境里成长，阿斯拜尔会经常邀请世界各地高水平的球队到这里来踢友谊赛。曼联、巴萨、利物浦、切尔西、波尔图等球队都来过这里，所有的往返机票和食宿都由阿斯拜尔体育学院负担。

此外，卡塔尔还通常采用归化运动员和教练员的方式，带动当地联赛和国家队在主要体育运动上的发展。2019 年 2 月 1 日，卡塔尔夺得第 17 届亚洲杯冠军，此前卡塔尔从未进过亚洲杯 4 强。在决赛中，卡塔尔本地出生的球员仅有 5 人。其他球员来自葡萄牙、苏丹、伊拉克、阿尔及利亚、摩洛哥和埃及。对于卡塔尔的成功，被誉为“巴萨传奇”的哈维说：“我们必须记着，卡塔尔足协为球队做了多年的准备，最后赢了冠军。阿斯拜尔学院的构想取得了巨大成功，效果卡塔尔球迷都看到了。”

8 座世界杯场馆 拉斯 · 艾布阿布德体育场占地约 45 万平方米，距哈马德国际机场约 1.5 公里，有现代化公路与多哈和沃克拉市相连，亦可乘地铁直达。体育场使用可拆卸材料——海运集装箱建成，是世界杯历史上第一个可拆卸和组装的球场。因采用可拆卸材料，体育场在建设过程中减少了建筑材料和水的使用，大大降低了建设成本，缩短了建设周期，减少了碳的排放。该球场由西班牙一家世界知名的建筑公司设计，将用于 2022 年世界杯决赛阶段的比赛。体育场的设计大胆新颖，由墙体、天花板和座椅组成一个折角立方体，其独特的视角将为运动员和球迷提供一次难忘的世界杯体验。

豪尔市的贝特体育场设计容量为 6 万人，这里将举办世界杯各个阶段的比赛，是 2022 年世界杯比赛的第二大体育场。除了主体育场，贝特体育场还包括两个训练场，其中一个专供大牌球星使用。两个训练场与主体育场之间有隧道相连。体育场还设有几条水道，空场上有一些娱乐设施可供观众使用。贝特体育场的设计者们从阿拉伯诗歌中获得了灵感。“贝特”是阿拉伯语“بيت”的音译，大家熟知的意思是“家”，同时也指诗歌的“行”。无论是从美学角度看还是其深层次的含义，贝特体育场的设计可谓原汁原味卡塔尔文化的生动体现。贝特体育场上的座位是可拆卸的，世界杯结束后该体育场的容量将减少到32000人。减少的部分将被改造成一个功能齐全的酒店对大众开放。

赖扬体育场是2022年世界杯比赛场馆之一。赖扬体育场外观将设计成巨型屏幕，可随时滚动播放新闻、商业广告和其他场次比赛的进展情况。现有固定座位21282个，通过使用模块式结构添加上排座椅，座椅数量将增加至44740个。世界杯结束后，赖扬体育场座椅数量将恢复至原来的标准。观众可乘火车和汽车前往赖扬体育场。

沃克拉体育场是2022年世界杯比赛场馆之一。沃克拉体育场外形似船帆，造型大胆前卫，极具现代风格，代表着创新与梦想。历史上沃克拉的居民曾经驾船在大海上航行，依靠潜水采珠为生。该体育场可容纳40000名观众，沃克拉体育场优雅的造型将吸引来自全世界球迷的目光。比赛开始前或结束后，球迷们可以沿海滨散步，可以从商店选购有当地特色的商品，还可以在博物馆中解读这座城市的历史。

西迈麦体育场的设计兼具卡塔尔文化特色和阿拉伯文化特色，设计容量为40000人。西迈麦体育场位于多哈南部，距多哈市中心12公里。体育场的设计灵感来自阿拉伯国家男性所戴的帽子。世界杯结束后，该体育场的20000个座位将捐献给发展中国家，帮助经济状况相对落后的地区发展体育运动。20000个座位被拆卸后，原地将建起世界知名医院Spitar医院分院和一个现代化的小型酒店。

教育城体育场可容纳40000名观众。该体育场位于学术氛围很浓的教育城中，被世界知名院校和科研中心所环绕。世界杯小组赛和1/4决赛的一些比赛将在这里举行。世界杯结束后，体育场的容量将降至20000人，被拆除的20000个座位将捐给发展中国家，以帮助这些国家开展足球运动。

哈利法国际体育场位于赖扬地区，建于1976年。该体育场被誉为卡塔尔体育的心脏，见证了卡塔尔主办的一系列重大体育赛事。体育场有40000个座位，举办过亚运会、海湾杯、亚洲杯足球赛等重要体育赛事。

在卡塔尔承办2022年世界杯比赛的所有体育场馆中，哈利法国际体育场处于最中心的位置，地理位置最佳，交通最为便捷，将为运动员和球迷提供最好的世界杯体验。经过改建，哈利法国际体育场融入了一些现代化的元素，两个拱形体屋顶连在一起，代表卡塔尔拥抱来自世界各地的球迷。体育场四周装有保护伞，可使观众席免受各种天气因素的影响。此外，该体育场还采用了先进的制冷技术，可以随时调控场内温度。

鲁塞尔体育场位于多哈市往北约15公里处的鲁塞尔市。2022年世界杯的开幕式、闭幕式和一些重要比赛都将在这里举行。鲁塞尔市是一个属于21世纪的新兴城市，建有公园、码头以及完善的商业设施。球迷可以通过现代化的公路、多哈地铁或鲁塞尔市的公共交通前往体育场观看比赛。这座体育场将由中国铁建股份有限公司与卡塔尔HBK公司联合承建。据悉，这是中国公司首次以主承包商身份承建世界杯主体育场。

五　体育投资

卡塔尔的体育战略主要由三部分组成：举办重大体育赛事、促进体育精英发展和对体育产业进行直接投资。关于重大体育赛事和体育精英发展本节前四部分已有提及，本部分重点介绍卡塔尔在体育产业领域进行的直接投资。

2005年，卡塔尔政府专门成立了卡塔尔体育投资公司（Qatar Sports Investment，QSI），该公司隶属卡塔尔投资局。卡塔尔投资局是由政府出面组织的主权财富基金会，资本高达1150亿美元，专门从事各种国内外投资。

在过去的十几年间，卡塔尔通过体育投资公司进行了一系列全球投资，主要业绩有：收购巴黎圣日耳曼足球俱乐部；收购运动品牌BURRDA；帮助半岛电视台旗下的beIN体育拿下诸多顶级赛事版权；帮助子公司Qatari Diar以5.57亿美元买下伦敦奥运村；成为巴塞罗那足球俱乐部的主要赞助商（2010年12月至2016年6月）。卡塔尔航空也是国际足联的顶级赞助商，并且是世界杯的赞助商和指定航空公司，合作期限到2022年。

英国足球投资专家尼尔·伊弗斯曾分析说，卡塔尔希望通过国家资本收购，控制20%的国际体育市场。这也正是卡塔尔人民希望看到的。他们已经明白体育有望把这个小小的国家塑造成一个大大的品牌，他们希望通过体育来表达卡塔尔对全球化趋势的态度。

第五节 新闻出版

一 发展历程

1995年，哈马德就任卡塔尔国埃米尔。哈马德毕业于英国桑赫斯特军事学院，思想开明，属于中东新生代政治家。为了实现卡塔尔特色的新闻自由，他采取了以下措施。

（1）取消卡塔尔报纸和其他出版物所享受的政府财政补贴，给予出版社拓展自有资源的机会，以保持媒体的独立性。

（2）1995年6月，颁布埃米尔令，取消对新闻出版物的检查制度，以一部新的规定出版自由的法律替代原来的《新闻出版法》。

（3）1997年5月，建立广播电视总局，埃米尔哈马德亲自担任局长。该部门在国家财政总预算中有一块独立预算。该机构直接向卡塔尔内阁负责，其任务是保证音像新闻产品能够跟上当代科技发展的步伐。

（4）1998年10月，取消新闻文化部建制，宣布政府不再对本国电视、报纸等新闻媒体的刊播内容进行审查。

哈马德埃米尔执政以来所做出的这些重大决策，使传媒脱离了政府的直接干预，为其快速发展提供了开放的环境。有了这样适宜的环境，国际性的报纸和杂志开始出现在卡塔尔的传媒市场上，如《纽约时报》《时代周刊》《金融时报》等。

随着互联网的发展，卡塔尔新闻业也从传统媒体向新兴媒体转型，当地的报纸杂志已经实现电子在线阅读模式，广播电台和电视台也纷纷建立了全媒体网站，用户可以在网上直接收听、收看广播电视节目。卡塔尔现任埃米尔塔米姆表示，卡塔尔正致力于建设一个知识型经济体，政府将在人力资源上加大投资力度，而媒体则在提供最新信息方面扮演着重要角色。

二　主要新闻机构

1. 卡塔尔通讯社

卡塔尔通讯社（Qatar Newswrite）属国家通讯社，也是卡塔尔第一家通讯社，成立于 1975 年 5 月 25 日，隶属原新闻文化部。它是阿拉伯国家主要通讯社之一，是卡塔尔开展国际与国内新闻业务的主体，在国际舞台上表现活跃。最初，它只报道本国、海湾地区和阿拉伯国家的消息，但很快就发展成一个世界性的通讯社。目前，卡塔尔通讯社的电讯稿来自分布在各阿拉伯国家和世界各国首都的驻站记者，这些记者大多由当地的新闻工作者兼任，报道比较客观。

20 世纪 90 年代后期，卡塔尔通讯社实现了办公电脑化和网络现代化，并与包括中国新华社在内的外国通讯社建立了新闻资源共享的关系。

2014 年 4 月 30 日，卡塔尔通讯社建立了 Qatar Maydan 网，被称为全世界首个社会化新闻网站。该网站搭建了一个虚拟社区，用户既可以选择重要新闻内容进行互动，也可以自己实时发布新闻，有助于最大限度地收集当地的新闻资讯，在专业人士的帮助下发布最新的新闻动态。

2. 半岛电视台

卡塔尔有两大电视台，一是建于 1970 年 8 月的“多哈电视台”；二是半岛电视台。

半岛电视台（英文名 Al Jazeera，阿文名الجزيرة），中文简称“半岛台”，它的诞生可以说是卡塔尔埃米尔哈马德新闻改革的代表性产物。为了提高卡塔尔在国际上的知名度和在阿拉伯世界的地位，保持新闻舆论自由，哈马德·本·哈利法·阿勒萨尼继位后决定拨款 1.37 亿美元组建半岛电视台。1996 年 2 月，半岛电视台在卡塔尔首都多哈市正式成立，下设半岛英阿双语网站。半岛电视台阿拉伯文座右铭是“意见与异见”，旨在将多方争论的意见全部呈现给观众，然后让观众形成自己的观点。

建台之初，卡塔尔决心将其建成一家立足阿拉伯世界、面向全球的国际性媒体。1996 年 11 月，新闻频道正式开播。之后，半岛电视台因播放“黎巴嫩内战”纪录片、报道“9·11”事件、率先播放本·拉登和其他基地组织领导人的录像声明、报道“伊拉克战争”而声名鹊起，成为阿拉伯世界第一家 24 小时连续播报新闻资讯的电视台。

半岛电视台在新闻报道中有着与西方媒体不同的独特视角，在节目中开创性地引入了电话采访、电视论战等方式，逐渐发展成为阿拉伯世界乃至全世界具有重要影响力的电视媒体，在全球设有 27 个记者站。随着其影响的逐渐扩大，人们把半岛电视台称作“阿拉伯的 CNN”或“海湾的 CNN”。

2006 年 3 月，半岛电视台更名为“半岛电视新闻网”（Al Jazeera Network），扩增后成为国际性媒体集团，由半岛阿拉伯新闻台、半岛英语新闻台、半岛电视纪录片频道、半岛电视体育频道、半岛电视媒体训练与发展中心、半岛电视研究中心、半岛行动电视网等组成。此外，还有两个“半岛电视台儿童频道”，一个面向 7 至 12 岁的儿童，另一个面向 3 至 6 岁的幼儿。

2013 年 1 月，半岛电视新闻网以 5 亿美元的价格成功收购了美国潮流有线电视台（Current TV），将其改名为“半岛美国”，台址设在纽约，这是阿拉伯国家首次收购美国的电视新闻媒体。在此之前，半岛电视新闻网在纽约、华盛顿、洛杉矶、迈阿密和芝加哥都设有记者站，加上刚成立的“半岛美国”，形成了一个覆盖美国全境并集新闻采写、发布于一体的电视新闻平台。半岛电视新闻网还不惜花费重金从美国各大电视新闻公司挖来大量资深从业人员，试图同美国的 CNN、FOX、MSNBC 分庭抗礼。但是，仅仅过了三年时间，半岛电视新闻网就宣布因收视率过低，运营模式难以为继，其北美频道于 2016 年 4 月停止播出。

2017 年 5 月 24 日，阿联酋、沙特阿拉伯等国宣布屏蔽卡塔尔媒体，其中包括半岛电视新闻网。随后巴林和埃及也封杀了半岛电视新闻网和其他卡塔尔媒体，约旦政府宣布收回半岛电视新闻网在约旦的运营许可证。

半岛电视台于 2002 年 7 月在北京开设办事处。本书作者之一李光斌曾受邀到半岛台就中国伊斯兰教的发展与回民生活状况做过专访。

2018 年，半岛阿拉伯新闻台正式推出了中文网站，并在“微博”“微信”等平台上使用中文进行推送，已成功吸引数十万人的关注与互动。

3. 卡塔尔广播公司

1968 年 6 月 25 日，卡塔尔广播公司（Qatar Broadcasting Service）开播，标志着卡塔尔广播事业的开始。卡塔尔广播公司最初只播出阿拉伯语的广播节目，仅限卡塔尔国内收听，全天仅 5 小时；从 1970 年元旦起，每天用中波、短波向海湾其他国家听众播出 3 小时的广播节目，成功迈出了卡塔尔新闻传播业对外传播的第一步。

4. 卡塔尔传媒公司

卡塔尔传媒公司（Qatar Media Corporation）是卡塔尔官方广播机构，成立于 2009 年，负责运营和监管卡塔尔众多电视和广播频道的媒体服务，包括卡塔尔国家电视台、阿卡斯（Alkass）体育频道、卡塔尔电台、《古兰经》电台、卡塔尔广播公司、Oryx 调频广播、乌尔都语电台和海湾之声（Sout Al Khaleej）电台等。

三　主要报纸杂志

《阿拉伯人日报》　创办于 1972 年，由卡塔尔新闻部发行，是卡塔尔第一份政治性报纸。它于 1996 年停刊，2005 年在网上复刊。复刊后的《阿拉伯人日报》以崭新的面貌——上线电子版出现在公众视野里。

《东方报》（Al-Sharq）　于 1987 年创办，是一份总部位于多哈的亲政府报纸，也是卡塔尔三大主要的阿拉伯语报纸之一。该报纸由东方报业公司出版发行，主要报道执政家族、政府官员出席会议和活动等。

《半岛报》（The Peninsula）　创办于 1996 年，总部位于多哈，是卡塔尔三大英文日报之一。每期报纸通常有 24 ~ 40 版，包含本地及国际新闻、商业新闻、体育新闻等内容。

《海湾时报》（Gulf Times）　创办于 1978 年，是卡塔尔第一份英文报纸。创办之初是一份黑白四开周报，1981 年 2 月 22 日改为日报，1995 年 12 月改为对开彩色印刷。《海湾时报》的内容覆盖最新时事新闻、经济、体育、娱乐等方面，是卡塔尔报道刑事案件、毒品黑市等负面社会问题的先驱者，也是报道骆驼师遭受虐待状况的第一家海湾地区媒体，该报道推动了海湾国家骆驼竞技产业的改革。

《旗帜报》（Al-Raya） 创办于1979年，总部位于多哈，隶属海湾出版印刷公司。该报是卡塔尔第一份民营阿拉伯语日报，也是该国销量最大的阿拉伯文报纸，报道内容涉及卡塔尔国内外社会、政治、经济、体育等方面。

《多哈周刊》（Aldoha Magazine） 是一份总部位于多哈的阿拉伯文杂志，每周发行一次，主要提供文学、电影、音乐、艺术、媒体、科学、图书等方面的内容，官网上也可以在线查看电子版。

除了上面提到的报纸杂志，卡塔尔还出版发行《祖国报》、《多哈月刊》、《时代周刊》、《海湾市场》（周刊）、《今日海湾》、《每周消息》（周刊）等。

卡塔尔的主要报纸杂志如《旗帜报》（http：//www. al - watan. com）、《海湾时报》（www. gulf - times. com）、《多哈周刊》（www. aldohamagazine. com）等均已实现电子在线阅读模式。读者既可以选取报刊最新一期内容，免费阅读PDF版本，也可以搜索往期内容。网站还配套设计了移动阅读客户端，用户可以通过新闻客户端、App应用软件等阅读报纸。网站界面均设有内容提要，重点新闻一目了然。

海湾之声（www. soutalkhaleeji. fm）、卡塔尔电视台（http：//www. qtv. qa/qtv/index. php）、半岛电视新闻网（http：//www. aljazeera. net/portal）等机构也建立了全媒体网站，用户可以直接在网站上收听、收看广播电视节目。一些社会化媒体、新闻门户网站，如半岛在线（Peninsula Online）、海湾时代在线（Gulf Times Online）、卡塔尔记录网（Qatar Chronicle）等也颇受卡塔尔公众的欢迎，特别是卡塔尔记录网，因其文章内容与官方的宣传路径不一致而赢得广泛关注。

第七章

外　　交

第一节　外交简史

卡塔尔地处持续动荡、冲突频发的中东。为获得稳定的发展环境，卡塔尔利用自身能源和经济优势，积极参与地区和国际事务，取得了丰硕的外交成就，形成了独具特色的外交理念和风格。在卡塔尔的调解下，中东地区紧张局势得以缓解，阿拉伯国家与伊朗的关系得到改善，阿拉伯世界内部矛盾趋于缓和。卡塔尔的外交斡旋和调解工作，对于缓和中东政治和安全局势、防止冲突、维护稳定发挥了重要作用。

卡塔尔将外交作为提升软实力的重要途径，希望通过采取独立外交政策，超越“小国”形象，摆脱对地区和国际势力的依附。

卡塔尔与世界上110多个国家建立了外交关系，参加了联合国等29个国际组织，以及伊斯兰会议组织、阿拉伯国家联盟和海湾阿拉伯国家合作委员会等14个区域性组织，是2006~2007年度安理会非常任理事国，2004~2006年度联合国人权委员会成员国。

卡塔尔利用丰富的外交资源，积极充当地区冲突的调停者，并借主办大型会议之机开展多边外交。例如，2001年卡塔尔举办世界贸易组织“多哈回合”全球多边贸易谈判；2008年黎巴嫩冲突各方在卡塔尔签署《多哈协议》并实现和解；2011年苏丹政府与达尔富尔反政府武装“解放与正义运动”在多哈签署和平协议；2012年法塔赫和哈马斯也在多哈签署了象征重启和谈的《多哈宣言》。卡塔尔还承办了美国、阿富汗政府与塔利班的和谈等。

通过外交活动，卡塔尔的国际地位和软实力均得到显著提升。2011年中东出现政局动荡之后，很多民调都显示，阿拉伯世界民众对于卡塔尔的印象普遍良好。而获得2022年世界杯举办权，更是标志着卡塔尔国际威望的进一步提升。

长期以来，卡塔尔的外交政策相对温和，奉行中立、不结盟原则。但从2010年阿拉伯巨变开始，卡塔尔的对外政策发生了重大调整。卡塔尔开始四处出击，积极介入"阿拉伯之春"运动，从突尼斯、埃及、利比亚到叙利亚，到处可见卡塔尔的身影。卡塔尔特立独行的外交风格也影响到与邻国以及其他国家的关系。在处理与伊朗的关系、对待恐怖主义的态度等问题上引发了其他国家的不满，并最终导致了2017年6月的"断交风波"。

卡塔尔的外交发展历程可概括为以下三个阶段。

一　独立之初至1995年的外交

卡塔尔独立之初，还是一个各方面都相对落后的国家。由于受到强邻和西方势力的压制，卡塔尔在军事上需要依靠他国提供保护，在经济、政治和外交上也就处于依附地位，对地区事务没有自己独立的主张。

在卡塔尔的邻国中，沙特和伊朗都是该地区占据重要地位的国家。作为海合会的"老大哥"，沙特一度在卡塔尔外交事务中发挥了重要作用。卡塔尔与其他海合会的成员国一样，曾经在国际和地区事务中与沙特保持高度一致。这一局面一直持续到20世纪90年代。

卡塔尔亟须围绕天然气资源实现经济多元化，扩大收入来源。开发天然气、发展多元经济需要以和平的周边环境和充分的资金、技术准备为必要条件。因此，卡塔尔的首要国际战略目标就是要维护海湾相对和平的环境。

1991年的海湾战争最终确立了美国在海湾地区的绝对主导权。以美国为首的西方国家不仅掌握着国际能源市场的话语权，而且还是世界巨额资本的输出者，代表着先进技术和管理经验。因此，接近以美国为首的西方国家为卡塔尔实现国际战略目标提供了现实可能。

海湾战争是卡塔尔与美国关系明显加强的开始。卡塔尔加入多国部队，允许以美国为首的联军部队使用其领土打击伊拉克，这都为加强与美国的双边军事安全合作奠定了基础。1992 年 6 月，卡塔尔与美国签署了联合防御协定，在两国合作史上翻开了崭新的一页。美国提供的安全保证和两国的军事合作条约，为卡塔尔拓展对外关系解除了后顾之忧。

二 埃米尔哈马德的外交

1995 年，哈马德·本·哈利法·阿勒萨尼继任埃米尔。哈马德执政以后，在内政、外交等多个领域实施改革，将实现“自由、民主、发展、和平和稳定”确立为治国目标，致力于将卡塔尔建设成为一个“新型国家”。相应地，卡塔尔的国际战略也随之产生，其基本内涵包括追求国家完全独立自主，维护民主和平，实现经济繁荣，确保政权安全与稳定。其中，追求国家独立自主和确保政权安全是核心，而外树民主形象、内促经济发展属于国家的实力和影响力范畴，这些既是卡塔尔国际战略目标的内容，又是实现战略目标的手段和途径。

1997 年，卡塔尔成立“援助苏丹委员会”，标志着实施积极外交政策的开始。此后卡塔尔多次参与调解地区冲突，从苏丹的达尔富尔到厄里特里亚，从索马里到也门，从黎巴嫩到巴勒斯坦，几乎每一场冲突都能看到卡塔尔穿梭调停的身影。卡塔尔在斡旋黎巴嫩政治危机、苏丹达尔富尔冲突、加沙战争等方面都取得了显著成效，得到了国际社会的积极评价，对缓和中东紧张局势、化解地区冲突做出了重要贡献。摩洛哥学者穆罕默德·巴扎兹认为，哈马德执政后，“卡塔尔开始在阿拉伯世界特别是海湾地区拥有了稳定而突出的地位……卡塔尔多次提出政治倡议，缓和紧张局势，弥合观点差异，寻求解决之道，多次阻止局势恶化”。

通过积极的外交活动和成功调解地区冲突，卡塔尔赢得了国际社会的关注和尊重，在国际上树立了负责任的国家形象，其软实力获得了显著提升。随着时间的推移，卡塔尔在重大国际问题上渐渐形成了自己独特的主张。

例如在伊拉克问题上，卡塔尔主张维护伊拉克国家统一和领土完整，反对分裂；欢迎伊拉克举行大选；等等。卡塔尔希望伊拉克尽早实现国家安全与稳定，为此还宣布减免伊拉克的大部分债务。

在中东和平进程问题上，卡塔尔认为中东问题的核心是巴勒斯坦问题，支持建立以耶路撒冷为首都的独立的巴勒斯坦国，主张在安理会有关决议、马德里和会以及“土地换和平”原则的基础上政治解决阿以争端。呼吁国际社会特别是美国和“四方委员会”继续努力推动中东和平进程。在2005年3月伦敦会议上，卡塔尔向巴勒斯坦提供了1100万美元的援助，2006年4月又向巴勒斯坦民族权力机构赠送了5000万美元。

卡塔尔反对一切形式的恐怖主义，但强调应把恐怖主义同阿拉伯人和伊斯兰教区别开来，任何军事打击都应避免伤及无辜，绝不能把巴勒斯坦人民的正义斗争与恐怖主义混为一谈。

自2010年末以来，包括突尼斯、埃及、也门、利比亚及叙利亚等多个阿拉伯国家经历政权更迭或社会动荡。在这些国家的社会变动过程中，卡塔尔都活跃其间，通过半岛电视新闻网、海合会和阿盟等平台支持反对派，推动西方力量的介入。

中东变局前，卡塔尔已频繁介入调解地区热点事务，但当时卡塔尔的外交仍具有公正、平衡的特点。事实上，这也被认为是卡塔尔得以成功介入调解的主要原因之一。但在中东变局中，卡塔尔的外交行为表现出了强烈的复杂性和冒险性，引起了外界的巨大争议：西方盛赞卡塔尔推动了中东民主进程，阿拉伯左翼政党攻击多哈站在华盛顿的一边，而自由主义者则担心埃米尔正在资助伊斯兰主义势力全面夺权。

卡塔尔一直在寻求超越自身体量的影响力，与其他阿拉伯国家相比，其外交策略显得标新立异。卡塔尔与伊朗保持着良好关系，又是唯一和以色列保持正常经贸关系的海湾国家，也是第一个派出战机参加推翻卡扎菲政权军事行动的阿拉伯国家。

叙利亚内战爆发后，卡塔尔第一个公开表示支持阿拉伯军队进入叙利亚，支持反对派。在也门胡塞武装问题上，卡塔尔和沙特原本持相同的策略，但是后来沙特与阿联酋的立场趋于一致，与卡塔尔反而渐行渐远。

对于穆兄会，沙特和阿联酋将其视为对自身政权的最大威胁。但穆兄会等伊斯兰主义势力与卡塔尔向来有着不错的关系，卡塔尔通过支持这些伊斯兰主义势力，试图在一些发生剧变的国家拥有更大的影响力。比如，埃及动乱后上台又下台的穆尔西政府就是卡塔尔支持的。这些都直接触动了沙特等国的核心战略利益。

三 埃米尔塔米姆的外交

2013 年 6 月 25 日，卡塔尔埃米尔哈马德宣布把王位传给儿子塔米姆。塔米姆继位前，就已经开始参与父亲哈马德的所有重大决策。他在就职讲话中表示，新政府将继续执行前埃米尔的内政、外交政策，表示要继续加强国家经济的多样性，减少对油气的依赖。他称卡塔尔人民是国家“最重要的资本”，人民的利益也是政府工作的优先选项。作为地区最年轻的国家元首，塔米姆大量起用年轻官员。2016 年重组内阁后，他新任命的外交部长和他同岁，都出生于 1980 年。

但不同于其父的是，塔米姆继位以来更关注内政，而非外交。虽然塔米姆在外交上基本沿袭了其父亲的做法，但同时也宣布了几项重大改革举措：改变过去“重外轻内”的做法，将精力放到国内建设上来；逐步实现经济多元化，改变国民经济过度依靠油气出口的单一模式；加大与包括中国在内的东亚国家的合作力度，改变过分倚重西方国家的战略。总的来说，卡塔尔仍是在走“小国大外交”的路线。塔米姆父子的外交政策使卡塔尔的国际地位得到显著提升，但也导致卡塔尔四处树敌，一些周边国家指责卡塔尔介入本国事务，与卡塔尔龃龉不断。

2014 年 3 月 5 日，沙特、阿联酋和巴林同时撤回驻卡塔尔大使，并对其实施制裁。三国在声明中说，在劝说卡塔尔遵从海湾阿拉伯国家合作委员会（海合会）章程原则，特别是不干涉成员国内政的努力失败后，为维护自身安全和稳定，被迫采取适当措施。面对巨大压力，卡塔尔不得不采取一系列措施，以改善与邻国关系：要求部分穆兄会领导人离开卡塔尔，宣布支持埃及总统塞西，支持美国空袭极端组织“伊斯兰国”。2014 年 11 月，三国大使重返卡塔尔。

2014 年 8 月，卡塔尔主持了巴勒斯坦总统阿巴斯与哈马斯领导人卡勒德·梅沙尔的调解工作，努力促成组建民族团结的统一政府。借助于参与调解事务，卡塔尔赢得了地区和平使者的正面形象。2014 年 10 月，在开罗举行的加沙地带国际会议上，卡塔尔又承诺提供 10 亿美元的各类援助。美国哈佛大学政治学教授约瑟夫·奈对此评论道："卡塔尔想方设法在西方和阿拉伯民族主义之间寻找重要的缝隙，凭借其自身丰沛的财力为其所用。"

时隔三年多，与 2014 年 3 月类似的事件再次上演。2017 年 6 月 5 日，沙特、阿联酋、巴林、埃及等国宣布与卡塔尔断绝外交关系，造成中东地区近年来最严重的外交危机。8 月 23 日，乍得也加入与卡塔尔断交国家行列。

引发此次外交危机的导火索，是媒体报道中出现的卡塔尔埃米尔塔米姆 5 月下旬在讲话中表示应与伊朗缓和关系。尽管卡塔尔政府称讲话内容是黑客伪造的，但将伊朗视为宿敌的沙特等国仍反应强烈。

为了消除断交带来的负面影响，为国内经济寻找更稳定的海外市场，巩固卡塔尔在地区和国际上的地位，塔米姆于断交后一年内穿梭于亚洲、欧洲和非洲等地共出访 23 次，其中土耳其 4 次，科威特和德国各 2 次，另外还包括对美国、法国、比利时、俄罗斯、保加利亚、马来西亚、新加坡、印度尼西亚、塞内加尔、马里、布基纳法索、加纳、几内亚、科特迪瓦和阿曼的访问。这些访问的重要成果在于签订了多项涉及能源、经济、投资、贸易、运输、体育、粮食和文化等领域的合作协定，有助于卡塔尔减轻因封锁带来的负面影响。

总而言之，卡塔尔通过实施其独特的外交政策，努力传播"民主、自由"的国际形象，为卡塔尔在经济、影响力和安全保障等方面带来了多重的回报，基本实现了各项预定的国际战略目标。卡塔尔不但实现了国民经济快速增长，使其朝多元化目标迈进，而且大大拓展了外交空间，密切了与美国的军事盟友关系。卡塔尔的国际战略使其地理位置和油气能源都得到了充分的利用，为卡塔尔国家实力的增长铺平了道路。

第二节　“断交风波”

一　危机爆发

2017 年 6 月 5 日，沙特、阿联酋、巴林和埃及以卡塔尔“支持恐怖主义”“破坏地区安全”为由宣布与卡塔尔断交。紧接着，利比亚、也门、马尔代夫、毛里求斯以及乍得也先后宣布与卡塔尔断交。同时，约旦政府宣布降低与卡塔尔的外交级别，收回卡塔尔半岛电视新闻网在约旦的运营许可证。这次猝不及防的集体断交和封锁行动，被认为是中东地区近年来最严重的外交危机。沙特等国在断交声明中指责卡塔尔干涉海合会其他成员国内政，违反国际法和睦邻友好原则，支持包括穆斯林兄弟会、基地组织和极端组织在内的恐怖主义团体，破坏地区安全局势。

媒体认为这次“断交风波”源于一次据称是卡塔尔埃米尔的讲话视频。2017 年 5 月 23 日深夜，卡塔尔通讯社旗下网站播发了卡塔尔埃米尔塔米姆·本·哈马德·阿勒萨尼在出席卡塔尔军校第 8 批毕业生典礼时的讲话。塔米姆在讲话中表示支持伊朗和巴勒斯坦伊斯兰抵抗运动（哈马斯），批评美国和沙特阿拉伯对卡塔尔支持恐怖组织的有关指控。并称“伊朗是不容忽视的伊斯兰强国”，“对伊朗怀有敌意是不明智的”。他还在讲话中批评美国在卡塔尔的军事存在。随后，卡塔尔通讯社推特账号发文说，卡塔尔外交部要求将驻沙特、科威特、阿联酋、巴林等国大使召回，同时驱逐这些国家驻卡塔尔的大使。许多阿拉伯国家纷纷转载了这篇报道。沙特、阿联酋、巴林和埃及立即宣布封杀半岛电视新闻网和其他卡塔尔媒体。5 月 24 日，卡塔尔政府发表声明，称卡塔尔通讯社的网站遭到黑客入侵，关于埃米尔发表的讲话是假的，表示将彻底调查这次黑客入侵事件，并追究相关法律责任。

关于“断交风波”舆论倾向于这样的观点：近些年来卡塔尔的“大国雄心”“小国大外交”已经在一定程度上影响了沙特在海合会的领导地位。而在地区热点问题上，如在埃及穆兄会、伊朗问题、教派问题上，卡塔尔与其他国家的差异成为此次“断交风波”不可忽视的大背景。

二　各方反应

遭遇断交和海陆空封锁后，卡塔尔对这些国家的决定表示遗憾，但称不会采取对等措施。卡塔尔政府表示将尽其所能“抵挡影响卡塔尔社会和经济的企图”，保证这些阿拉伯国家采取的措施不会影响到卡塔尔国民的生活。

土耳其、伊朗等国则表达了对卡塔尔的支持，并决定向卡塔尔方面提供援助。

俄罗斯总统普京在与卡塔尔埃米尔的电话谈话中确认了莫斯科方面的立场，表示莫斯科方面愿意使用政治外交手段参与危机局势的调解，使局势正向发展。

中国外交部的表态是：中方希望有关国家通过对话协商妥善解决分歧，维护团结，共同促进地区和平与稳定。

2014 年，沙特、阿联酋和巴林曾召回各自驻卡塔尔大使，以抗议卡塔尔干涉本国内政。当时，科威特埃米尔出面进行斡旋。此次“断交风波”，科威特埃米尔再次出马斡旋。2017 年 6 月 19 日，在欧盟外长例行会议上，欧盟外交与安全政策高级代表莫盖里尼表态，支持科威特出面斡旋，并随时准备给予相应的支持。莫盖里尼透露，欧盟各国都呼吁各方通过对话和磋商的方式来缓解当前的紧张局势，表示海湾地区的团结与稳定对于欧盟来说至关重要。

2017 年 6 月 14 日，卡塔尔国防事务大臣哈立德·本·穆罕默德·阿提亚到访美国。随后，美国国防部发表声明称，国防部长詹姆斯·马蒂斯会晤了到访的卡塔尔国防大臣，签订了军售协议。根据协议，美国将向卡塔尔出售 72 架 F－15QA 战斗机，合同金额高达 120 亿美元。双方达成这一军售大单距离美国总统唐纳德·特朗普指认卡塔尔是“支持恐怖主义”国家还不到一周。

在“断交风波”发生前的 2017 年 5 月 21 日，美国总统唐纳德·特朗普访问沙特并出席了阿拉伯伊斯兰国家－美国峰会。他在峰会上表示，美国支持阿拉伯伊斯兰国家团结起来，孤立伊朗，共同打击恐怖主义。沙特、阿联酋、埃及、卡塔尔等50多个阿拉伯伊斯兰国家的领导人出席了峰会。

三 "复交"清单

2017年6月26日，沙特、阿联酋、巴林、埃及向卡塔尔提出一份"复交"清单，清单包括13项要求，具体内容为：

1. 降级卡塔尔与伊朗的外交关系，关闭驻伊朗的外交机构，驱逐卡塔尔国内的伊朗革命卫队成员，切断与伊朗的军事和情报合作，卡塔尔与伊朗的经贸往来须符合美国以及国际社会对伊朗的制裁要求，且不能影响海合会的安全；

2. 立刻关闭卡塔尔境内在建的土耳其军事基地，停止在卡塔尔境内与土耳其进行的军事合作；

3. 切断与所有"恐怖分子、宗派主义和意识形态组织"的关系，特别是与穆兄会、"伊斯兰国"、基地组织、叙利亚征服阵线以及黎巴嫩真主党的关系，卡塔尔必须依照沙特等四国已公开及后续将会更新的恐怖组织名单，正式宣布这些组织为恐怖组织；

4. 停止对被沙特等四国、美国及其他国家认定的属于恐怖分子的个人、团体或组织提供任何形式的资助；

5. 将被沙特等四国认定的"恐怖分子"、逃犯及被通缉人员引渡至其各自的来源国，冻结其资产，为沙特等四国提供其所需的关于上述人员居住地、活动及资金情况的信息；

6. 关闭半岛电视台及其附属机构；

7. 停止干涉主权国家的内政，停止对沙特等四国通缉的公民授予公民权。如上述公民权的授予违反了沙特等四国的相关法律，卡塔尔须予以撤销该公民权；

8. 卡塔尔须对其过去几年的政策对沙特等四国造成的生命及其

他财产损失给予赔偿和补偿，具体金额与卡塔尔协商确定；

9. 根据卡塔尔2014年与沙特达成的协定，卡塔尔的军事、政治、社会和经济政策以及经济事务须与其他海湾国家和阿拉伯国家协调一致；

10. 停止与沙特等四国各自的政治敌对势力的联系，提交卡塔尔此前与上述政治敌对势力进行联络及给予支持的详细信息文件；

11. 关闭卡塔尔直接或间接支持的所有新闻机构，包括但不限于Arabi21，Rassd，Al Araby，Al Jadeed，Mekameleen和Middle East Eye；

12. 在本要求交与卡塔尔的10天内同意所有要求，否则该要求将视为无效；

13. 同意在认同本要求后的第一年内每月发布遵守情况审计月度报告，第二年每季度发布遵守情况审计季度报告，此后十年每年发布遵守情况审计年度报告。

6月23日，“13点要求”通过协调国科威特转交到了卡塔尔手中，四国要求答复的最后期限是2017年7月3日。

上述要求公布后，土耳其表示该国无意搬迁其位于卡塔尔的军事基地，也不打算改变其2014年签署的关于设立军事基地的双边军事协议。

卡塔尔外交大臣穆罕默德则认为，四个阿拉伯国家对卡塔尔提出的要求不切实际，呼吁它们做出修改。对此，卡塔尔的社会舆论也纷纷表示难以接受如此严苛的条件，卡塔尔方面认为沙特等国提出的要求就是监护人对被监护人的要求，简直是政治玩笑。

一直在暗中观察的美国也表示，“（要求卡塔尔）满足这些要求有点难”。

四　应对危机

“断交风波”发生后，卡塔尔不但在中东地区的政治舞台上备受孤立，而且航空、旅游、金融等领域均受到重创。在遭受海湾邻国的禁运封锁后，卡塔尔日常食品供应也出现了严重短缺，消费品出现了1/3以上的缺口，从而直接影响到当地民众的日常生活，并在短时间内出现了抢购和囤货潮。

一直以来，卡塔尔食品供应严重依赖进口，其中绝大部分来自沙特、阿联酋、巴林等海湾邻国，其中来自沙特的占40%。随着“断交风波”的开始，沙特等国叫停了与卡塔尔国的物资交易，关闭了与卡塔尔的陆地边界。数以千计原定运送物资过境的卡车滞留在沙特边境。伊朗公开表示支持卡塔尔，决定开放领空，向卡塔尔增开100架次航班，同时还向处于困境的卡塔尔提供农产品支援。“断交风波”刚开始，伊朗就向卡塔尔派出多架次飞机运送水果、蔬菜等90吨食品，另有3艘装载350吨食品的船只也从伊朗代耶尔港驶往卡塔尔，以帮助卡塔尔渡过难关。

土耳其也对处于危难中的卡塔尔表达了坚定的支持。除了提供大量的食品援助，土耳其总统埃尔多安还于2017年11月14～15日对卡塔尔进行了为期两天的正式访问，两国签订了10多项合作协议和谅解备忘录，涵盖法律、金融、人员培训、粮食安全、旅游、港口管理等领域。埃尔多安访问期间还与卡塔尔埃米尔塔米姆共同主持了两国高级战略委员会第三次会议。卡塔尔与土耳其签有军事协议，两国关系密切，卡塔尔允许土耳其在卡塔尔境内建立军事基地。

危机爆发后，科威特、美国、土耳其等国随后展开斡旋，但未见成效；卡塔尔也多次“示好”邻国，表示愿意谈判，但未获回应。种种迹象表明，“断交风波”难以在短时间内得到解决。

“断交风波”使卡塔尔在各方面都遭遇了前所未有的困难，但同时也在客观上迫使卡塔尔调整战略格局及经济结构。为了冲破封锁，卡塔尔决定重新构建自身的战略格局和经贸网络，采取一系列措施来降低断交带来的负面影响。除了接受伊朗、土耳其等国的援助，卡塔尔政府也想借此次“断交风波”，促进国内自力更生，减少对外国的依赖，逐步实现经济独立，如调整食物供应链配置、建筑资源供应网以及国际进出口资源网络等。

“断交风波”发生后的一年时间里，卡塔尔埃米尔塔米姆对欧洲、亚洲、非洲等国进行了23次密集访问，签订了多项涉及能源、经济、投资、贸易、运输、体育、粮食和文化等领域的合作协议。特别是埃米尔对西非7国的访问，不但赢得了西非国家的支持，同时也夯实了卡塔尔与这些国家在航空运输、体育和粮食安全等重要领域的双边合作基础。

为了摆脱此前对海湾国家的依赖，吸引更多国家的商人和旅游者到访卡塔尔，2017年8月，卡塔尔单方面宣布对欧盟、拉丁美洲和包括中国在内的亚洲80个国家实施入境免签政策，以吸引更多不同国家的居民到多哈市旅游和经商。卡塔尔本国居民人口数量极少，占人口多数的外籍人员在卡塔尔经济和社会发展中起着非常重要的作用。因此，卡塔尔甚至修改移民法案，决定给予一些长期在卡塔尔居住或者出生在卡塔尔的人以居民身份，所有这些举措都是为了增强社会各界对卡塔尔的信心。

为了降低货运成本，卡塔尔开辟了一些新的空运和海运航线，包括从土耳其和伊朗向国内空运食物的线路，从阿曼运入建筑材料的新线路，从哈马德港连接地中海和东亚、东南亚地区的两条新航线。另外，卡塔尔还计划开辟更多国际航线，不再依靠其他港口中转，这样可以大大降低相关货运成本。

除了以上这些积极措施，卡塔尔政府还于2018年初批准了一项有利于外国投资商的法律，即外国投资商将获准在卡塔尔设立独资企业，以此促进和鼓励外国投资商在卡塔尔开办企业，带动卡塔尔经济突出重围，走向新生。

除了政府层面采取各种措施来应对危机外，卡塔尔民众也在危机中看到了商机。卡塔尔一家建筑承包公司（UrbaCon Trading & Contracting Company LLC）的董事长兼总裁穆阿塔兹·哈亚特（Moutaz Al Khayyat）说："是时候为卡塔尔做一些事情了。"2017年6月他自掏腰包，从卡塔尔航空公司包了60架飞机，从美国和澳大利亚进口了4000头奶牛，以应对"断交风波"发生后卡塔尔出现的牛奶短缺问题。虽然阿塔兹·哈亚特的公司以建筑业为主，但现在已开始布局农业，并在卡塔尔首都多哈市以北50公里的地方建了一个有70个足球场大小的农场，主要用于生产羊奶和肉制品，而这次进口的4000头奶牛也被运到此处。经过细心经营，这个农场生产的牛奶可满足卡塔尔市场1/3的需求。

谈及这次断交危机，卡塔尔驻华使馆的一名高级外交官说：“断交对我们来说也许并不完全是坏事。通过这次风波，我们终于看清了谁是我们的朋友，终于促使我们下定决心做出一些重大改变。不久的将来，我们的一些农产品可以实现自给自足，会有更多的工厂生产我们所需要的商品。”

在国际层面，卡塔尔已经向国际民航组织、联合国人权委员会、世界贸易组织、联合国等国际组织和机构就“断交风波”产生的影响提起了申诉。认为沙特、阿联酋、巴林和埃及四国对卡塔尔进行封锁违反了国际法，侵害了包括卡塔尔公民在内的各国人民的人权，还影响到本地区国家的社会秩序、经贸往来以及文化交流。

第三节　与地区大国关系

一　与伊朗关系

卡塔尔虽然依靠美国的军事力量来保障国家的安全，但其外交活动并不受制于美国，依然奉行独立自主的外交政策，这在处理与伊朗的关系上表现得尤其明显。卡伊关系可以说是卡塔尔独立自主务实外交的鲜明体现。

伊朗也是海湾地区的大国，与卡塔尔隔海相望。巴列维统治时期的伊朗与所有海湾国家都保持着波澜不惊的关系。但在 1979 年伊朗伊斯兰革命爆发后，伊朗和海湾国家的敌意日益加深。两伊战争期间，出于对伊朗输出革命的担心，卡塔尔在战争中与伊拉克站在一起对抗伊朗。

海湾战争后，卡塔尔迅速改善了同伊朗的关系。卡塔尔与沙特阿拉伯之间的边界争端促成了多哈与德黑兰之间关系的正常化，1992 年卡塔尔与伊朗的关系实现了第一次突破。此前，时任伊朗总统的哈希米·拉夫桑贾尼利用这一争端，公开宣布对卡塔尔的支持。同年，双方签署了涉及不同领域的 6 个合作协议。1993 年 10 月，双方又签署了能源合作协议。

此后，卡塔尔与伊朗的高层互访进一步推动了双边关系的发展。特别是2000年卡塔尔埃米尔哈马德·本·哈利法·阿勒萨尼对德黑兰的访问，是自伊朗伊斯兰革命爆发以来海湾国家领导人对伊朗的首次访问，意义非凡。2006年，卡塔尔埃米尔再次访问伊朗。同年7月，卡塔尔成为安理会15个成员国中唯一一个投票反对有关伊朗核问题的安理会第1696号决议的成员。卡塔尔呼吁以和平方式解决各国之间的问题和分歧，并表示伊朗有权拥有一个和平的核计划，同时该地区也有权生活在安全与稳定之中。此后，在卡塔尔举办的一系列大型活动中，伊朗都在受邀之列。

2007年12月，卡塔尔正式邀请伊朗总统马哈茂德·艾哈迈迪·内贾德作为嘉宾出席在多哈举行的海湾合作委员会第二十八届首脑会议，内贾德是出席该首脑会议的第一个非海合会国家元首，标志着卡伊两国之间的合作达到顶峰，令一些海湾国家感到惊讶和愤慨。

2009年1月，内贾德又应邀出席了在多哈举行的加沙问题阿拉伯紧急峰会。为防止阿拉伯国家与伊朗之间矛盾的激化，卡塔尔利用其与伊朗的良好关系，积极设法改善双方关系。虽然卡塔尔缓和伊朗与阿拉伯国家关系的努力遭到部分阿拉伯国家的批评，但为阿拉伯国家与伊朗的沟通提供了平台，有助于促进双边对话，缓和对立情绪。

卡塔尔一直努力与伊朗保持良好关系也是其实际利益的需要。卡塔尔与伊朗共享波斯湾最大的油气田，其能源输出通道和水资源的安全也希望能够得到保障。由于伊朗一端设施落后，开发滞缓，卡塔尔十分担心自己产能大幅提升会跟科威特一样遭受入侵。为安抚伊朗，卡塔尔于2005年自设限额，单方面承诺至少到2013年每年的开采量都不会超过2004年的水平。

2010年3月，卡塔尔与伊朗签署《防务与安全合作协议》。卡塔尔埃米尔哈马德公开表示，绝不允许美国使用卡塔尔的基地对伊朗采取军事行动。这与美国坚持的遏制伊朗政策相左，令美国感到不快。

2016年初，沙特宣布处决47名犯有恐怖主义罪行的囚犯，其中包括知名什叶派教士尼米尔，由此引发了中东什叶派民众大规模抗议潮。伊朗示威者冲击并放火焚烧沙特驻伊朗使馆的部分建筑，沙特宣布与伊朗断绝外交关系。随后，巴林、阿联酋、科威特、卡塔尔等国也对伊朗采取外交行动。1月6日，卡塔尔宣布召回驻伊朗大使。

2017年6月5日，沙特等多个阿拉伯国家宣布与卡塔尔断交，并对卡塔尔实施封锁，理由之一就是卡塔尔“私通”伊朗，沙特等国给卡塔尔开出的复交条件之一就是要降级卡塔尔与伊朗的外交关系。“断交风波”发生后，伊朗公开表示支持卡塔尔，决定开放领空，向卡塔尔增开100架次航班，同时还向处于困境的卡塔尔提供农产品支援。

2017年5月，伊朗总统鲁哈尼获得连任后，卡塔尔向其祝贺，并表示希望与伊朗建立超越以往的密切合作关系。有评论认为，卡塔尔遭遇“断交危机”，美国的“幕后推手”作用不可忽视。正如特朗普在推特上声称：“真高兴我的中东之旅有了回报。沙特国王和其他50个国家表示将对资助极端主义的国家采取强硬立场，而一切线索都指向了卡塔尔。这也许就是终结恐怖主义引发的恐慌的开始！”然而，深陷“断交危机”的卡塔尔并未在伊朗问题上“回心转意”。2017年6月26日，卡塔尔埃米尔在与鲁哈尼通电话时仍然表示，卡塔尔准备发展与伊朗的全面关系，并就解决“正处于艰难形势下的伊斯兰世界问题”进行合作。2017年7月24日，卡塔尔外交部表示，将与伊朗全面恢复外交关系。这一举动被媒体解读为卡塔尔进一步采取强硬立场，与沙特等国公开“对抗”。伊朗总统鲁哈尼则表示：“将卡塔尔同阿拉伯国家孤立起来，伊朗对此不予接受。伊朗的空中、陆上和海上空间对于兄弟国家和邻国卡塔尔永远是开放的。”

二 与沙特关系

据史料记载，卡塔尔不少部落来自沙特内志地区。如卡塔尔执政家族阿勒萨尼家族来自内志的瓦西姆地区阿什卡尔市，阿提亚家族与沙特家族也有渊源。游牧部落阿尔马拉、希贾利的大部分成员持有卡塔尔和沙特双重国籍，在两国都拥有房屋和其他财产。

20世纪初，沙特拟将卡塔尔作为阿哈萨的一部分纳入其领土范围。卡塔尔不得不向英国求助，在英国的干预下，两年之后沙特承认了与卡塔尔的边界。但发现石油后，卡塔尔是否具有在外国公司协助下开采石油的权利依然引发了争议。1965年，卡塔尔和沙特签署了边界协定，但边界问题并没有得到彻底解决，两国一直保持着模糊不清的边界。

1971 年卡塔尔独立后，在军事和外交上卡塔尔都与沙特保持着密切联系。卡塔尔与沙特在政治体制、经济模式及宗教文化等方面，皆具有高度的同质性或相似性，卡塔尔与其他海合会的成员国一样，曾经在国际和地区事务中与老大哥沙特保持高度一致。不过，1991 年伊拉克入侵科威特是地区政治的一个重要转折点，伊拉克的入侵让海湾国家人人自危。从此以后，卡塔尔等海湾国家努力寻求新形式的安全保障，尝试摆脱对沙特的过度依赖，越来越希望依赖美国维持地区秩序。

1992 年卡塔尔与沙特在霍夫斯地区因边界纠纷爆发武装冲突，导致 3 人死亡，两国关系开始恶化。卡塔尔方面称，在部分阿尔马拉部落成员的协助下，沙特军队向卡塔尔军队发动了袭击。阿尔马拉部落属游牧部落，生活在两国边境有争议地区，持有卡塔尔和沙特双重国籍。后依据卡塔尔政府的规定，大多数人放弃了沙特国籍。此后很长一段时间，阿尔马拉部落问题一直是引发卡沙纠纷的一个重要因素。之后，卡塔尔还指责沙特利用该部落成员，在 1996 年参与了密谋推翻卡塔尔埃米尔的未遂政变。

边界纠纷发生后，卡塔尔与沙特的外交关系因此破裂，直到数年之后才在科威特等国的斡旋下重新恢复。

第一次海湾战争期间，卡塔尔和沙特也曾经“并肩战斗”，二者都将萨达姆政府看作地区安全威胁，尤其是在其入侵科威特之后，因此两国都支持联合国对伊拉克采取军事行动。但是在海湾战争之后，卡塔尔和沙特的矛盾再次显现。

1995 年哈马德执政后，卡塔尔依托油气财富，加速世俗化进程，以“小国大外交”的姿态出现在中东和国际政治舞台上。然而在这一过程中，卡塔尔与邻国沙特龃龉不断，两国关系屡屡出现波折。

卡塔尔是海湾阿拉伯国家中唯一同以色列保持关系的国家，以色列自 1996 年起在卡塔尔建有级别较低的贸易代表处。为了抗议卡塔尔和以色列的贸易关系，2000 年沙特拒绝出席在多哈举行的第九次伊斯兰国家首脑会议。

2002 年，卡塔尔半岛电视台因播放反映沙特政治反对派的纪录片，导致沙特撤回其驻卡塔尔大使达 6 年之久。

2006 年，沙特撤回了同意卡塔尔通过其海域铺设通往科威特天然气管道的计划。此外，沙特对修建连接卡塔尔与阿联酋及卡塔尔与巴林之间的跨海大桥计划也表示反对。

2008 年，两国关系有了改善。7 月，卡塔尔和沙特同意在两国关系经历多年紧张之后划定双方边界。自 2002 年沙特从多哈撤回大使以来，与卡塔尔的边界谈判一直被搁置。

2010 年底"阿拉伯之春"爆发后，卡沙关系一度给人以"同呼吸共命运"的印象。最初卡塔尔和沙特配合默契，"阿拉伯之春"在西亚、北非势如破竹，并随着埃及穆巴拉克政权的垮台和穆斯林兄弟会政府的执政达到高潮。但两国之间的关系也就此产生了芥蒂：沙特对卡塔尔埃米尔哈马德扶持穆兄会以及在埃及事务上的态度十分不满。

2013 年埃及政变之后，卡塔尔曾为穆兄会流亡领导人提供避难所。2014 年 3 月，沙特、阿联酋和巴林决定从卡塔尔召回各自的大使。卡塔尔被指控违反了 2013 年海湾合作委员会的安全协议，未能承诺不干涉海湾合作委员会成员国的内部事务，以及对"敌意媒体"进行庇护。这种紧张关系维持了 8 个月之久，等穆兄会领导人离开卡塔尔之后，这件事才算了结。

除了对待穆兄会的态度有差异，卡塔尔与沙特处理与伊朗关系的做法也是大相径庭。卡塔尔表示需要与伊朗保持沟通，来维护海湾地区的稳定和安全。沙特无法容忍卡塔尔的立场，萨拉曼国王上台之后，更是将伊朗定位为"头号敌人"。

2017 年 6 月 5 日，沙特、阿联酋等国以卡塔尔支持恐怖主义为由宣布与卡塔尔断绝关系，关闭所有空中、海上和陆地通道。断交以后，沙特对卡塔尔实行全面封锁，包括限制卡塔尔在断交国的航空飞行；禁止卡塔尔船只停靠阿联酋富查伊拉港与杰贝阿里港；封锁沙特与卡塔尔陆路边境，进而切断以往的卡沙边境食物进出口供应线；关闭半岛电视新闻网驻沙特办事处；等等。

卡塔尔拥有石油、天然气等诸多重要战略资源，和沙特的资源结构相似，相互依赖程度较低。但是断交以前，在日常消费品方面，卡塔尔仍严重依赖沙特。有舆论认为，在“断交制裁”下，卡塔尔抗衡沙特的筹码和实力有限，应短时间做出有效的抉择。但卡塔尔并未妥协，对沙特提出的复交条件置之不理。2018 年 3 月 14 日，卡塔尔发布“2018～2022 年国家发展计划”，旨在加强国家的自主能力，促进能源消费合理化，鼓励新能源开发以及提高在农业、渔业方面的自给能力，以应对长期持续的断交危机。

三　与埃及关系

1971 年，卡塔尔与埃及建立了外交关系，建交后两国关系发展平稳。1990～2008 年，卡埃两国签署了一系列合作协定，涉及贸易、经济、投资、计量标准、税收、教育、科研、文化、能源及旅游等方面。

埃及投资管理局的数据显示，1970 年 1 月 1 日至 2008 年 8 月 31 日，卡塔尔在埃及共投资 112 家公司，投资总额达 17 亿埃镑，在埃及投资的 127 个国家中卡塔尔居第 20 位。卡塔尔对埃及的投资主要分布在旅游、工业、农业、信息技术等领域。

2008 年，卡塔尔从埃及进口的商品总额为 1.681 亿美元，主要进口商品包括食品、机械设备、电器、大米、水泥、钢铁、蔬菜、水果、医疗设备和医药产品；卡塔尔出口到埃及的商品总额约为 1830 万美元，主要商品为矿物燃料、塑料和相关工业品（乙烯）等。

为了促进两国投资的发展，卡塔尔与埃及成立了最高经济联合委员会，旨在加强双方在能源及天然气领域的合作，推动国营企业和民营企业的共同发展，投资开发赛德港工业区，发展沙姆沙伊赫、红海和开罗的旅游业，欢迎埃及工人前往卡塔尔，等等。

埃及是四大文明古国之一，文化旅游资源丰富，卡塔尔和埃及之间的旅游合作蓬勃发展。卡塔尔在埃及若干城市设立了专门的旅游服务项目，每年到埃及旅游的卡塔尔游客都络绎不绝。

2013 年之前，卡塔尔与埃及各领域的关系稳步发展。这种稳定的关系使得两国之间可以不断磋商，领导人之间实现互访。反过来，持续磋商和频繁互访又促进了两国关系的不断发展。2007 年，卡塔尔埃米尔哈马德访问埃及，会见了埃及总统穆巴拉克，就如何加强双边合作进行了会谈。其间，卡塔尔信息技术中心在阿斯旺正式落成。2010 年，时任埃及总统穆巴拉克访问了包括卡塔尔、阿联酋和巴林在内的海湾国家，其间与卡塔尔埃米尔哈马德举行了会晤。2011 年和 2012 年，卡塔尔埃米尔哈马德两次访问埃及。

2013 年埃及发生政变，可以说是两国关系的分界点。卡塔尔与埃及各自撤回了驻对方国家的大使，埃及指责卡塔尔支持穆斯林兄弟会，卡塔尔则称埃及发生的事件是对“合法”总统穆罕默德·穆尔西的政变。2014 年，在已故沙特国王阿卜杜拉的调停下卡塔尔与埃及的关系恢复正常。

2013～2017 年，争端和冲突是卡塔尔与埃及政治关系最重要的特征之一。2015 年 1 月，由于两国在利比亚问题上的分歧，卡塔尔召回了驻埃及大使。2015 年 3 月，卡塔尔埃米尔塔米姆出席了在埃及沙姆沙伊赫举行的阿拉伯首脑会议，之后卡塔尔驻埃及大使回到开罗恢复工作。2017 年 6 月 5 日，埃及和沙特、阿联酋、巴林一起以卡塔尔对“恐怖主义组织”提供支持为由宣布与卡塔尔断绝外交关系。

第四节 与美国关系

卡塔尔与美国于 1973 年建立外交关系，保持和发展与美国的关系是卡塔尔对外关系的重要支柱。卡美两国关系的重点在于双方密切的军事安全、反恐和能源方面的合作。由于自身硬实力有限，卡塔尔需要通过加强与西方大国的关系来保证自身安全，维护自身利益。美国与卡塔尔广泛的能源合作，也是美国在卡塔尔的重要实际利益所在。

一 军事安全合作

1991 年海湾战争的爆发使卡美两国关系明显加强。卡塔尔加入多国部队，参与了解放沙特边境城市海夫吉的战斗和解放科威特城的行动，并允许以美国为首的联军部队利用卡塔尔领土，为两国的双边军事安全合作奠定了基础。1992 年 6 月，卡塔尔与美国签署联合防御协定，标志着两国的合作进入了新时代。美国提供的安全保证和两国的军事合作条约，为卡塔尔拓展对外关系解除了后顾之忧。

1998年，美国国防部长科恩、美军中央司令部司令津尼上将、海军司令约翰逊等高官接连访问卡塔尔，同时卡塔尔武装部队副司令贾西姆王储也应邀访美，两国军事安全合作进一步深化。

2001年美国遭受“9·11”恐怖袭击，卡塔尔对此次袭击予以谴责。在随后的阿富汗战争期间，由于沙特不允许美国使用境内的军事基地，美军提升了卡塔尔境内军事基地的使用率。在伊拉克战争期间，美军部分军事指挥机构迁至卡塔尔境内，美军也使用卡塔尔境内的部分军事基地开展行动。多哈方面认为，“美国的存在对保护其免于邻国威胁至关重要”。

伊拉克战争结束后，卡塔尔埃米尔立即访美，与美协调伊拉克战后重建立场。为回报卡塔尔在伊拉克战争中对美国的支持，美国总统布什于2003年6月访问卡塔尔，这是首位到访卡塔尔的美国总统。同年，美国将驻沙特苏尔坦空军基地迁至卡塔尔乌代德，使之成为美国在海湾地区乃至整个中东地区最重要的军事驻地。接着，两国又续签了1992年的防务协定，驻卡塔尔的美军人数达7000人（2017年达1万人），美中央司令部也由本土的佛罗里达州坦帕迁移到卡塔尔的“西利亚”军事指挥中心，卡塔尔在美国的中东战略和海湾地区战略中地位明显提升。

2011年，美国帮助卡塔尔加固空军设施和国家安全局仓库，同时每年还向其提供数百万美元的军事训练援助。2014年7月，美国与卡塔尔签署了一项金额高达110亿美元的军贸合同，向卡塔尔出售10套“爱国者”反导系统、24架“阿帕奇”攻击直升机和500枚“标枪”反坦克导弹。2017年6月“断交风波”发生后，卡塔尔国防事务大臣哈立德·本·穆罕默德·阿提亚访问美国，达成了军机购买协议，总价值为120亿美元。按照协议，卡塔尔向美国购买72架F-15QA战斗机。美国五角大楼在一份声明中表示，“这笔交易将为卡塔尔带来最先进的技术能力，并加强美国和卡塔尔之间的安全合作和共同行动的能力”。

2018年1月30日，美国与卡塔尔在华盛顿举行首轮战略对话，双方表示将加强安全反恐方面的合作。双方共同签署了加强地区安全合作的联合宣言和打击人口贩卖活动的谅解备忘录，同时表示要将战略对话机制常态化。1月31日，卡塔尔宣布将扩建美军设在卡塔尔的乌代德空军基地，扩建工程包括增设家庭活动场所、娱乐中心以及其他设施，旨在提升美军家属在基地居住的舒适度。此外，基地的住宿接待能力也将得到提升。

卡塔尔寻求同美国建立更紧密的安全纽带，劝说美国不要在“断交风波”中站在沙特、阿联酋等对立国家一边。相比“断交风波”发酵之初美国力挺沙特指责卡塔尔资助恐怖主义的立场，后来的种种迹象表明美国政府的态度已经有所软化。

二　反恐合作

中东恐怖活动的增加，促使卡美两国着力加强安全合作，也使得反恐合作一度成为双边军事关系的助推器。2004 年 11 月，美国国务院曾发出警告，恐怖分子有可能向多哈美国人居住的旅馆发动袭击。卡塔尔也加强了与美国的反恐情报合作。2004 年 3 月，卡塔尔成立了慈善活动局，对卡所有境内外慈善资金进行监控。卡塔尔中央银行还设立了金融情报部，负责对国内银行的资金流向进行监督，并与美国相关机构建立直接联系。

奥巴马入主白宫后，采取了一系列措施巩固和加强与包括卡塔尔在内的阿拉伯国家的关系。2014 年 8 月，美国发动了打击“伊斯兰国”的军事行动，并希望阿拉伯国家能够充当地面作战和空袭行动的主力，逐渐承担主要作战任务，卡塔尔态度积极。2015 年 2 月，奥巴马在白宫与到访的卡塔尔埃米尔塔米姆举行会谈时表示，美卡两国在安全领域保持着紧密关系，卡是打击“伊斯兰国”国际联盟中“强有力”的伙伴国。就在此次“断交风波”期间，美国驻卡大使史密斯依然在推特上赞赏了卡作为盟友在打击“伊斯兰国”方面做出的贡献。

不过，卡美两国在反恐问题上也存在着严重分歧。卡塔尔虽然支持反恐，但反对美国将“反恐战争”扩大化的单边主义做法，并且坚持将“为民族事业而斗争”的行动与恐怖主义活动区别对待。伊拉克战争爆发后，卡塔尔曾劝阻美国不要将“反恐战争”的矛头指向叙利亚，并劝说美国不要在中东地区制造新的“反恐战争”打击目标。2015 年 2 月，卡塔尔埃米尔塔米姆在与奥巴马谈及反恐问题时强调：“我们打击恐怖主义得探究形成的原因。”美国则一直怀疑卡塔尔某些上层人士向恐怖分子提供资助。美国“9·11”事件调查委员会在发表的报告中指出，卡塔尔统治家族成员和某些政府大臣曾向“基地”组织提供过资助，受资助者中包括涉嫌参与“9·11”恐怖袭击行动的哈立德·谢赫·穆罕默德。《纽约时报》曾指责卡塔尔“多年来向中东地区的伊斯兰极端组织提供外交庇护、资金援助乃至武器装备”。2011 年阿拉伯世界发生动荡后，卡塔尔借机扩大地区影响力，不仅在一些国家支持被美国视为“恐怖主义温床”的穆斯林兄弟会夺取政权，还通过半岛电视新闻网对这些国家的政治走向施加影响，与美国的矛盾进一步加深。此次特朗普在调解断交危机时也表示，希望卡塔尔停止对激进恐怖组织的援助，并以实际行动证明没有支持恐怖主义。

三　能源合作

卡塔尔是世界上重要的油气资源国，虽然卡塔尔的石油储量并不多，平均日产量在中东居第 14 位。不过，卡塔尔的天然气资源极为丰富，已探明的可开采储量达 25.26 万亿立方米，占世界储量的 20%，仅次于俄罗斯和伊朗，位居世界第三。特别是在世界清洁能源需求不断增加、石油价格居高不下的情况下，天然气在各国能源消费中所占比例均在增长。据国际能源署预测，2030 年天然气在世界能源消费总量中所占比重将达到 24.2%。这是卡塔尔能源产业面临的巨大机遇，美国政府和能源界也非常看重卡塔尔的战略地位。

美国较早介入卡塔尔的天然气产业，并且一直在全力经营，从而与卡塔尔建立了紧密的合作关系，在卡塔尔能源开发与生产领域占据了优势地位。1993～2003 年，美国在卡塔尔的投资额从 3 亿美元增加到 300 亿美元，其中大部分投入能源领域。在卡塔尔的液化天然气开发与生产中，美国占据了主要地位。

在石油领域，美国能源企业也积极参与其中。早在 20 世纪初的石油开发中，美国的雪佛龙和加州石油公司就发挥了主要作用。在 30 年代末卡塔尔发现石油后，美国开始发展在卡塔尔的石油业，建立了杜汉油田和海上油田。即使后来被卡塔尔收归国有，美国也仍然继续向卡塔尔石油化工领域进行投资。近年来，卡塔尔日益注重石油领域中国际合作伙伴的多样化，吸引法国、英国、意大利、日本、韩国和南非等国参与开发，但美国公司依然努力占据主导地位。鉴于能源在美国国家战略中的重要性，美国不会轻易放弃与卡塔尔的合作关系。在 2017 年 6 月 21 日美国与卡塔尔海军举行的联合演习中，石油平台防卫亦是重要科目之一。

四 卡美关系前景

总体来看，卡美关系以防务合作为基础，通过广泛发展地区安全和能源合作，不断加强双边关系的强度。尽管卡美之间存在矛盾和摩擦，但两国战略合作机制已形成相当规模，并且可使双方从中获得不少收益。就美国而言，美国非常看重卡塔尔作为能源资源重要国家的地位，不希望双方的战略合作受到冲击。卡塔尔遭受“断交危机”期间，卡美之间的军贸合作与联合军演表明，两国之间仍然保持着重要的军事联系。由此可见，美国并不想孤立卡塔尔，或是对卡进行某种制裁，而是在保持和加强军事联系的前提下，企图促使卡塔尔改变目前“亲伊朗”的外交政策。

对于卡塔尔而言，保持和发展对美战略合作关系，是卡塔尔国家利益的现实需要。特别是美国军事基地，就像一张“护身符”，是卡塔尔在中东地区复杂形势中的安全保障。卡美达成军贸协议后，卡塔尔国防部在一份声明中表示，军购协议凸显了卡塔尔与美国共同推动双方军事合作的长期承诺。在 2017 年 6 月卡美联合军演期间，卡塔尔官员在向路透社谈及卡美关系时表示，“卡塔尔和美国军方亲如兄弟。美国对卡塔尔的支持是根深蒂固的，不会轻易受到政局变化的影响”。

舆论认为，共同的利益基础和利益取向，决定了卡美战略关系未来仍将继续在波折与动荡中向前发展。

第五节 与欧洲国家关系

一 与法国关系

卡塔尔与法国的关系也较为密切。1972 年，卡塔尔驻巴黎大使馆开

始工作，1974 年卡塔尔埃米尔对法国进行第一次正式访问，批准了两国间第一批经济协议、第一批武器进口合同和首批房地产投资。

1994 年，卡塔尔与法国签订了联合防御协议，两国关系得到进一步发展。

法国对中东奉行比较温和的政策，使其赢得了包括卡塔尔在内的地区国家的普遍好感。卡塔尔独立后一直与法国保持友好关系，并多次进行高层互访。双方在经济、政治等多个领域展开合作。2006 年 1 月和 3 月，卡塔尔埃米尔哈马德两次访法，与法国总统希拉克就双边关系及国际和地区问题交换了意见。同年 4 月，卡塔尔首相阿卜杜拉访法，6 月，法国外长杜斯特·布拉奇访卡。

在 2014 年卡塔尔巨额军购方案公布之前，法国装备一直在卡塔尔军中占优势。卡塔尔空军装备的幻影 2000 战斗机、阿尔法喷气式教练机，陆军装备的 AMX－308 主战坦克及大部分装甲车辆购自法国。由于军火贸易不同于一般的进出口贸易，其内容与对象能够反映出一定的国际关系走向，因此也可以证明卡塔尔与法国的关系非同一般。

除军事合作外，卡塔尔与法国还保持着较为密切的经济关系。长期以来，法国道达尔石油公司在卡塔尔较为活跃，并在卡塔尔天然气公司和卡塔尔石化公司中占有股份。2003 年 6 月，卡塔尔埃米尔哈马德访问法国期间，双方签订了总金额达 51 亿美元、购买 37 架空中客机的合同。2007 年 5 月，卡塔尔再次向法国订购总价达 170 亿美元的 80 架空客飞机。2008 年 8 月，卡塔尔与法国签订了有关和平利用核能的合作协议。

卡塔尔与法国在体育领域也有紧密合作。巴萨和卡塔尔一直关系密切，巴萨前主帅瓜迪奥拉是卡塔尔申办世界杯的大使之一，而双方也在建立足球学校上另有合作。2010 年卡塔尔基金会与巴萨签订了为期 5 年的合约，按照合约，5 年内巴萨将得到 1.7 亿欧元巨额赞助。随后卡塔尔又斥巨资入主巴黎圣日耳曼俱乐部，为未来 2022 年卡塔尔世界杯造势，学习和借鉴欧洲俱乐部的经营、管理经验，为卡塔尔体育建设提供帮助。

在文化教育领域，2007 年法国在卡塔尔设立了“莱斯·伏尔泰”学校，这是一所为卡塔尔精英而建的学校，旨在为在多哈设立的法国高等院校输送人才。2007 年 9 月 9 日，法国国防部部长埃尔韦·莫兰访问卡塔尔期间，签署了关于在多哈建立法国圣西尔军校分校的意向书。法国陆军的圣西尔军事专科学校是一所可与美国陆军西点军校相提并论的古老的名牌军事学府。另外，在建立伊斯兰艺术博物馆、电台法语节目制作以及电影等方面，法国都向卡塔尔提供了帮助。

2019 年 2 月，卡塔尔与法国在多哈签署了战略对话意向协议。意向协议内容丰富，除了防卫、安全和反恐内容，还包括卫生、教育、文化、体育、经济、投资等内容。卡塔尔副首相兼外交大臣穆罕默德表示，战略对话将成为启动卡塔尔与法国全面合作机制的重要渠道，为加强两国合作关系开拓空间。到访的法国外长勒德里昂说，中东地区面临的威胁和危机日渐增多，法国与卡塔尔之间的防卫和安全合作愈加重要，特别是在反恐等方面。他表示，两国之间的战略对话将聚焦卡塔尔面临的“断交危机”，利比亚问题，叙利亚问题，以及反恐等方面的问题。

二　与英国关系

卡塔尔与英国关系的历史较为久远，且较为特殊，可以追溯到 19 世纪初。1821 年，英国东印度公司一度占领了如今的卡塔尔首都多哈。

1916 年，卡塔尔被迫与英国政府签订了不平等的《永久和平条约》，沦为英国的“保护国”，由英国代理其外交事务。在境内发现石油后，卡塔尔的石油开采长期由英国控制，并由英国低价收购。1935 年，卡塔尔通过协议，给予英国－波斯石油公司在卡塔尔开采石油及相关业务的权利。1939 年，英国公司在卡塔尔西部的杜汉地区打凿第一口油井，但由于二战的影响，英国公司暂停了工程并封闭了油井。

1968 年 1 月，英国宣布将于 1971 年从苏伊士运河以东地区撤军，海湾诸酋长国独立建国的事宜被提上日程。1971 年 9 月，卡塔尔宣布废除与英国签订的《永久和平条约》，以平等的新友好合作条约取而代之。

卡塔尔独立后，与英国仍然保持着较为密切的关系。尽管卡塔尔将境内的石油资源收归国有，但仍在相当长的一段时间内保持着对英国的经济依赖。两国在国际问题和地区问题特别是巴勒斯坦问题上也保持着密切的交流和合作。

1996 年，卡塔尔与英国签订联合防御协议，将双方的军事、政治关系提升到新的高度。在此协议基础上，卡塔尔与英国签署了一系列军事合作条约，两国也时常举行联合军事演习。

2010 年 10 月，哈马德埃米尔携莫扎王妃访问英国，两国在经济、文化、法律等方面建立了强有力的伙伴关系。由卡塔尔投资的南胡克（South Hook）天然气接收站正式投产后，为卡塔尔液化天然气进入欧洲市场获得了主动权。据统计，英国市场上 84% 的液化天然气来自卡塔尔。

2013 年，卡塔尔与英国联合举办文化年。其间，双方举办了 75 场次活动，进一步促进了两国在文化、艺术、体育、教育、商业、学术方面的交流。

近些年，卡塔尔在英国的投资呈快速增长趋势，据英国媒体报道，2014 年卡塔尔投资局在英国的投资规模估计至少达 350 亿美元。在伦敦最豪华的地方，不管是住宅区、办公大楼、购物广场，还是旅馆，都有可能是卡塔尔的产业。卡塔尔在英国的投资不仅仅限于房地产，在英国第二大连锁超市公司 J. 森宝利公共有限公司（J Sainsbury PLC）、伦敦希思罗机场、英国航空公司 IAG SA，卡塔尔都持有 20% 以上的股权。

2017 年 3 月，卡塔尔首相兼内政大臣率领由 400 多名官员和企业高管组成的代表团抵达伦敦和伯明翰，卡方所披露的计划投资并未提供具体细节，但明确表示希望与英国政府和公司合作，“将国家转变为知识型产业和创新的全球中心是卡塔尔最重要的目标之一”。

2017 年 12 月，英国航空航天系统公司与卡塔尔国防部谈妥一项总额 67 亿美元的合同，英国将向卡塔尔出售 24 架“台风”式战斗机。英国方面称，这一订单是投给英国的一张“巨大的信任票”，“将支撑数千个工作岗位，给英国经济注入几十亿英镑”。并表示英国与卡塔尔及其军队的长期合作关系正“翻开新篇章”。此外，双方还签订了人员培训协议，将成立由卡塔尔军人和英国军人组成的混编分队，共同训练和执行任务，以确保 2022 年卡塔尔世界杯期间的空中安全。

值得一提的是，卡塔尔前任埃米尔哈马德与现任埃米尔塔米姆均毕业于英国桑赫斯特皇家军事学院，其他军政要员也大多具有赴英深造的经历，这在一定程度上也反映了两国的密切关系。

三 与俄罗斯关系

卡塔尔与苏联于1988年建立外交关系，1989年11月，两国互设大使馆。1990年，两国签署经济、贸易和技术等领域的合作协议。

1991年苏联解体后，卡塔尔正式承认俄罗斯联邦。此后，两国官员互访不断。1993～2007年，卡塔尔首相兼外交大臣哈马德·本·贾西姆·阿勒萨尼6次访问俄罗斯。2001年，卡塔尔埃米尔哈马德对俄罗斯进行正式访问。2007年2月12日，俄罗斯总统普京访问卡塔尔。通过这些访问，卡俄两国签署了一系列协议，涉及体育、青年、航空运输、军事合作、外交、技术、税收、新闻、商贸及投资等方面。

卡塔尔与俄罗斯关系一直比较平淡，没有发生过正面的外交冲突。但2004年发生的“特工事件”曾使卡俄关系一度变得紧张。2004年2月26日，卡塔尔政府宣布抓获了3名俄罗斯特工，指控他们涉嫌谋杀车臣“前总统”扬达尔比耶夫、破坏卡塔尔安全等。当天晚上，卡塔尔两名柔道运动员随队前往塞尔维亚参赛途中在莫斯科转机时遭到了俄方的拘捕。

尽管有“特工事件”这一插曲，但总体来看，卡俄两国关系还是一直平稳地向前发展。两国均属天然气输出国论坛成员，近年来在能源领域的合作越来越多，在投资领域的合作也有不断扩大的趋势。2014年，卡塔尔主权财富基金向俄罗斯直接投资20亿美元。2016年7月，卡塔尔收购圣彼得堡机场24.9%的股权。2016年12月，卡塔尔主权财富基金与嘉能可公司收购俄罗斯石油公司（Rosneft）19.5%的股权，交易价为113亿美元，这是俄罗斯历史上规模最庞大的外商投资之一，也是卡塔尔主权财富基金继续扩大在俄罗斯投资的一项重大举措。

俄罗斯是2018年世界杯的举办国，而卡塔尔是下届世界杯的举办国，两国在体育赛事安全、运动员培训和体育医学方面有紧密的交流和合作。

近年来，在国际热点问题上，卡塔尔也加强了与俄罗斯的磋商和协调。2016年和2018年，卡塔尔埃米尔塔米姆两次到访莫斯科，就叙利亚问题、也门战争以及巴勒斯坦局势等展开讨论。

2017 年 6 月 5 日，卡塔尔遭遇多国断交的当天，卡塔尔、俄罗斯两国外长就通了电话，就多国与卡塔尔断交一事进行了讨论。当天俄外交部副部长博格丹诺夫还会见了卡塔尔驻俄大使法赫德·穆罕默德·阿提亚。2017 年 8 月 30 日，俄罗斯外长拉夫罗夫对卡塔尔进行访问，表示俄方并没有就解决断交危机提出新的建议，也无意充当调停危机的中间人，但是俄罗斯愿意为推动危机解决做出努力，相关国家应通过对话、以各方都能接受的方式化解危机。

第六节　与日本关系

卡塔尔与日本于 1972 年建立外交关系。建交之初，两国关系主要集中在经济领域，但近年来两国关系已经涵盖投资、医学、科技、旅游、基础设施、人力资源等领域。

卡塔尔与日本两国的高层互访促进了双边关系的发展，特别是卡塔尔埃米尔塔米姆·本·哈马德·阿勒萨尼分别于 2015 年 2 月和 2019 年 1 月两次访问日本，双方签署了一系列协议，推动了卡日两国关系的快速发展。

表 7－1　卡日高层互访情况

年份	出访代表
1994	日本王储访卡
1999	埃米尔哈马德·本·哈利法·阿勒萨尼访日
2001	莫扎王妃访日
2005	埃米尔哈马德·本·哈利法·阿勒萨尼访日，莫扎王妃陪同
2007	日本首相安倍晋三访卡
2009	王储塔米姆·本·哈马德·阿勒萨尼访日
2013	日本首相安倍晋三访卡
2014	莫扎王妃访日
2015	埃米尔塔米姆·本·哈马德·阿勒萨尼访日
2019	埃米尔塔米姆·本·哈马德·阿勒萨尼访日

截至2015年，卡塔尔与日本签署协议和备忘录的情况见表7-2。

表7-2　卡塔尔与日本签署的协议和备忘录

序号	协议名称	签署时间
1	国防领域合作备忘录	2015年2月
2	关于互免持外交、公务(特别)护照人员签证协议	2015年2月
3	关于避免双重征税及偷漏税协定	2015年2月
4	教育、科研和科技领域合作备忘录	2015年2月
5	信息科技与通信领域合作备忘录	2015年2月
6	卫生领域合作备忘录	2015年2月
7	青年和体育领域合作备忘录	2015年2月
8	旅游合作备忘录	2015年2月
9	工商会谅解备忘录	2015年2月
10	卡塔尔大学与大阪大学以及以日本Rikn研究院为首的日本研究机构之间在科学研究、经验交流及学生交流方面的谅解备忘录	2015年2月
11	航空服务协议	1998年
12	航空运输谅解备忘录	2012年
13	关于修订两国航空服务协议的附件	2008年
14	能源领域谅解备忘录	2013年8月
15	关于培训卡塔尔工程师的谅解备忘录	2013年8月
16	政治和安全对话谅解备忘录	2013年8月

除此之外，卡日两国在地区和全球问题上也在加强双边协调和信息交流，在重大问题上相互支持彼此的立场，在国际组织竞选、组织举办国际和区域性会议等方面保持沟通和合作。

随着卡塔尔与日本之间的贸易关系不断发展，2012年卡日双边贸易总额达339亿美元，2013年为373.2亿美元，2014年为337亿美元（其中卡塔尔从日本进口322亿美元，出口到日本15亿美元）。卡塔尔向日本出口的主要商品为天然气、石油、化肥、铝制品、有机化学材料、无机化学材料、铜制品等。其中从卡塔尔进口的天然气占日本天然气进口总量的18%，日本方面一直在与卡塔尔谈判，希望加大卡塔尔天然气的进口量。卡塔尔从日本进口的主要商品为汽车、铁路机车、有轨电车、橡胶制品、钢铁制品、电器及电子产品、人造纤维、石材、水泥、石棉、云母、人造纱线等。

卡塔尔是日本重要的能源供应国之一。根据卡塔尔驻日本大使馆网站的数据，卡塔尔2018年向日本出口的液化天然气达116亿美元，占卡塔尔液化天然气出口的13.1%。卡塔尔与日本在多个领域都有合作，涉及贸易、投资、能源、科技、通信、教育、科研、航空、农业、食品安全、金融情报、反洗钱、打击恐怖主义融资及相关犯罪活动等各个方面，其中还包括在美国联合开采石油的“黄金走廊项目”。更值得一提得是，自2014年起，两国还共同进行先进的人类基因组计划生物研究。

2006年4月，卡塔尔与日本在多哈签署了一项联合声明，宣布成立经济合作联委会，同年11月13日在东京举行经济合作联委会第一次部长级会议。此后，卡日两国每年在东京主办经济合作联委会的年度部长级会议。

2011年3月11日，日本仙台以东海域发生大地震并引发海啸，造成核泄漏事故。灾难发生后，卡塔尔向日本提供了1亿美元的援助。为了帮助灾区重建，卡塔尔专门成立了卡塔尔友好基金（QFA），向受灾害影响的渔业、医疗卫生、教育等关键部门提供支援，并在旅游景区兴建儿童娱乐设施，帮助灾区儿童尽早摆脱因灾害造成的心理创伤。卡塔尔友好基金在受灾的福岛县、岩手县和宫城县三个地方共完成了12个项目，大约有64.9万人直接或间接受益。友好基金的所有项目于2016年10月全部完成，给日本政府和民众留下了深刻印象。

据统计，日本是世界上居美国和中国之后的第三大石油进口市场，第二大煤炭进口市场。2011年福岛发生核泄漏事故后，日本对矿物能源的依赖进一步增强。

2015年9月，日本首相安倍晋三在美国纽约与卡塔尔埃米尔塔米姆举行了会谈。安倍希望卡方维持液化天然气、原油等天然资源的稳定供应，双方就构筑紧密的合作关系达成了一致。

有众多日本企业进驻卡塔尔，截至2015年10月，共有46家日本企业在卡塔尔当地设有分支机构。日本公司主要在卡塔尔从事贸易、能源、基础设施、航运、工厂建设等项目。包括丸红与三井在内的多家日本企业，也在卡塔尔的很多天然气出口站中持有股份。

第七节　中卡关系

一　中卡关系概况

中华人民共和国与卡塔尔国于1988年7月9日正式建立大使级外交关系。自建交以来，中卡双边关系取得了长足进展，政治互信不断加深，经贸、能源、人文等领域合作成果丰硕，双方合作前景广阔，潜力巨大。特别是近年来，两国高层交往密切，在国际和地区事务中保持密切沟通与良好合作，双方在涉及国家独立、主权和领土完整的问题上彼此给予支持。

卡塔尔坚定奉行“一个中国”原则，支持中国政府维护国家秩序。双方坚持不干涉内政的原则。同时，中方也支持卡塔尔主权和领土完整，支持卡塔尔为维护国家安全与稳定所做的努力。2017年6月的“断交风波”发生后，中国也及时表达了关切，希望有关国家通过对话协商妥善解决分歧，共同促进地区和平与稳定。

近年来，卡塔尔高规格出席2014年亚信第四次峰会、2015年博鳌亚洲论坛、2017年“一带一路”高峰论坛和2018年首届中国国际进口博览会，也是较早确认参加2019年北京世界园艺博览会的国家之一。

卡塔尔埃米尔塔米姆继位后在4年多时间里两次访华，表明了卡塔尔对中卡关系的重视。2014年，塔米姆第一次访华时，两国元首宣布将中卡关系提升为战略伙伴关系。随着双方在各领域互利合作的不断加强，中卡关系进入了快速发展的轨道。塔米姆的访问无疑有助于进一步巩固中卡传统友谊，增进双边政治互信，深化两国在“一带一路”建设框架内各领域的合作，推动中卡战略伙伴关系取得更大进展。

早在20世纪50年代末，中卡两国就开始建立起贸易联系。建交后两国经贸合作发展顺利。2018年中卡双边贸易额达135亿美元，中国是卡塔尔的第三大贸易伙伴。2014年中卡双方签署本币互换协议，中方给予

卡塔尔“人民币合格境外机构投资者”资格。2015 年 4 月，卡塔尔人民币清算中心在多哈正式开业，6 月卡塔尔正式签署协议成为亚洲基础设施投资银行创始成员国。

两国在文化、航空、新闻等领域的合作成果颇丰。2016 中卡文化年成功举办，中国文化艺术团组多次赴卡塔尔举办“欢乐春节”活动。卡塔尔航空公司已开通多哈至北京、上海、广州、成都、重庆、杭州和香港的 7 条客运直航航线。两国媒体人士交流互访频繁，新华社、中国国际广播电台、中央电视台在卡塔尔设有记者站。

2018 年是中卡建交 30 周年，两国启动了政府间战略对话机制并召开了首次会议，这对推动中卡两国关系发展具有重要意义。2018 年 10 月，卡塔尔外交部秘书长哈马迪在和到访的中国外交部部长助理陈晓东会谈时指出，“卡中关系是国与国关系的典范，卡塔尔将发展对华关系作为外交优先方向，愿积极参与‘一带一路’建设，深化对华务实合作，推动两国关系在未来 30 年取得更大进展”。

二　政治往来

1988 年 7 月 9 日中国与卡塔尔建交后，两国关系发展顺利。从 20 世纪 90 年代开始，两国高层互访频繁。

1999 年 4 月 8 日至 11 日，卡塔尔埃米尔哈马德对中国进行国事访问，为中卡关系的发展翻开了崭新的一页。

2008 年，时任中国国家副主席习近平访问卡塔尔，时任卡塔尔王储的塔米姆前往机场迎接，并为其举行欢迎仪式。同年 4 月，塔米姆出席在北京举行的第十六届国家和地区奥林匹克委员会协会代表大会；8 月，塔米姆来北京出席奥运会开幕式，受到习近平副主席的接见。

2013 年 3 月，习近平担任中国国家主席，塔米姆于同年 6 月成为卡塔尔埃米尔。2014 年 11 月，塔米姆应习近平主席邀请来华进行国事访问，两国元首共同宣布建立中卡战略伙伴关系，成为中卡关系史上一个重要的里程碑。双方表示要深化政治互信，在涉及国家独立、主权和领土完整的问题上互相支持，促进双边经贸、投资、金融、基础设施建设、工业和高科技等领域的互利合作，加强军事交流和安全执法合作，共同打击恐怖主义。

2019 年 1 月 30 ~ 31 日，卡塔尔埃米尔塔米姆应习近平主席邀请再次来华进行国事访问，这是塔米姆 2013 年继位后第二次正式访华。两国元首一致同意，深化相互尊重、平等互利和共同发展的中卡战略伙伴关系，表示要进一步发展战略对接，共同建设“一带一路”；进一步加强沟通，深化反恐和反极端主义合作；进一步密切人文交流，推动旅游、文化、体育和媒体合作，特别是相互支持、共同办好 2022 年分别在中国和卡塔尔举行的冬奥会和世界杯这两大体育盛会。

在两国元首的直接关怀下，中卡务实合作取得显著成效。卡塔尔是较早与中国签署“一带一路”合作谅解备忘录、较早表态成为亚洲基础设施投资银行创始成员国的阿拉伯国家之一。

为了适应两国关系快速发展的需要，卡塔尔于 2013 年、2015 年分别在香港和广州设立了总领馆。2018 年 7 月 9 日，中卡两国政府签署了《中华人民共和国政府和卡塔尔国政府关于互免签证的协定》，协定于 2018 年 12 月 21 日生效，将有助于加快推进中卡两国间的旅游合作，密切双方的人文交往。

2018 年是中卡建交 30 周年，30 年来中卡两国始终平等相待、相互理解、相互支持，共同谱写了不同政治制度、不同经济模式、不同社会文化国家间友好合作、互利共赢的华彩篇章。以此为契机，两国启动政府间战略对话机制并于 2018 年 12 月 12 日在北京召开了首次会议，这对于推动两国关系的进一步发展具有非常重要的意义。中卡双方表示要加强高层交往，巩固政治互信，统筹规划好双边合作重点领域和优先项目，丰富战略关系内涵，共同推动中卡关系迈入更快发展的新 30 年。

三　经贸合作

中国与卡塔尔早在 20 世纪 50 年代末就建立了贸易关系。1993 年，两国签署了贸易协定；1999 年，签署了《关于鼓励和相互保护投资协定》；2001 年，签署了《避免双重征税协定》和《航空运输协定》；2019 年，签署了《关于加强基础设施领域合作的协议》。

近年来，中卡双边贸易发展迅速。建交之初中卡贸易额不足 1000 万美元。2010 年、2011 年、2012 年，两国贸易额实现 32 亿美元、51 亿美元和 84 亿美元的跨越式增长。2018 年，中卡货物贸易额达 135 亿美元，占卡塔尔对外贸易总额的 11.7%，同比增长了 27%，中国已经成为卡塔尔的第三大贸易伙伴。2018 年 1～10 月，中国向卡塔尔出口的商品总金额为 32.6 亿美元；从卡塔尔进口的商品总金额为 78 亿美元。

中国向卡塔尔出口的商品主要有机械设备、锅炉、家具、预制建筑材料、电子和电器设备、钢铁产品以及无机化工产品等；从卡塔尔进口的商品主要为液化天然气、矿物燃料、石油、蒸馏设备、塑料及塑料制品、有机化工产品、盐、硫、石材、石膏、石灰、水泥和钢铁等。

2019 年 1 月，卡塔尔埃米尔塔米姆对中国进行国事访问期间，中国－卡塔尔商务论坛在北京成功举办，中卡两国约 400 名工商界人士参加论坛。“断交风波”发生后卡塔尔企业家积极寻求新的贸易投资机会，卡塔尔政府出台了鼓励投资政策，并为在卡塔尔的投资者提供成熟的基础设施，大力开发经济和物流园区，为本国及外国投资者创造良好的软硬件投资环境，这对中卡两国企业家加强合作，促进经济发展创造了良好的机遇。

卡塔尔埃米尔塔米姆访华期间，两国还签署了《中华人民共和国政府与卡塔尔国政府关于加强基础设施领域合作的协议》。卡塔尔是中国企业在中东地区的重要承包工程市场。此协议的签署，将进一步推动双方在基础设施的设计、施工运营管理等方面拓宽合作领域、提升合作水平，从而推动“一带一路”建设和双边经贸关系不断取得新进展。

据卡塔尔方面统计，截至 2018 年，在卡塔尔运营的中国公司已超过

14 家，总资本额为 1600 万里亚尔；卡塔尔与中国成立的合资公司有 181 家，总资本额为 8900 万里亚尔。

中国企业在卡塔尔承包的工程和开展的劳务业务，主要集中于基础设施和能源石化行业。伴随卡塔尔获得 2022 年世界杯举办权以及《2030 年国家愿景规划》等陆续出台，大批交通、通信、新城等基建和工业园区发展项目启动，建筑规模居地区国家前列。中方企业在基建领域具备先进技术、丰富施工经验和较强承包能力，在卡塔尔的业务不断取得新进展。

卡塔尔建筑和承包市场属于高端市场，普遍采用西方标准，对施工工艺、质量、环保、安全等都有非常高的要求。根据中国建筑股份有限公司微信公众号 2017 年 2 月 3 日盘点的《中建海外 2016 热点新闻 TOP10》，中国建筑股份有限公司承建了卡塔尔多哈市高层办公楼项目，并获得 MEED 建筑质量奖。中国水电集团在卡塔尔共有多哈市新机场项目、路赛新城场地准备项目、鲁塞尔新城基础设施第一标段、卡塔尔 182 三地供水项目、鲁塞尔 CPI 项目等。中国港湾工程有限责任公司承建了卡塔尔多哈市新港一期等项目。葛洲坝集团公司承建了卡塔尔默加水池工程等项目。

在“一带一路”倡议的推动下，为了给中国公司、卡塔尔企业以及该地区其他国家的企业搭建一个高效的合作平台，卡塔尔工商会从 2015 年开始专门为中国企业量身打造“中国制造展”。这种针对专门国别的展览通常只举办一次。但由于“中国制造展”的效果大大超出预期，卡塔尔在 2015 ~ 2017 年连续三年举办“中国制造展”，为推动中国企业进入卡塔尔市场提供了良好的平台。

近些年，卡塔尔不断扩大在亚洲特别是中国的投资规模。截至 2018 年底，卡塔尔在中国的总投资额已达 200 亿美元。中国企业对卡投资也迅速增长，2013 年中国企业在卡塔尔的非金融类直接投资超过 7700 万美元，同比增长 81%，累计投资额已超过 2 亿美元，呈现出良好的发展势头。

中卡两国经济互补性强，发展理念高度契合，经贸合作成果丰硕。双方通过加强“一带一路”倡议与卡塔尔《2030 年国家愿景规划》的对接，将实现优势互补，互利共赢。

四 文化交流

文化是不同文明和不同民族间交流的重要纽带，中国是伟大的文明古国，卡塔尔与中国一直保持着密切的文化交流与合作。近年来，中国和卡塔尔在人文领域交流频繁，亮点纷呈。

2010 年宁夏歌舞团大型舞剧《月上贺兰》、2011 年中国残疾人艺术团大型歌舞《我的梦》、2012 年中央歌剧院中外经典演唱会、2013 年重庆歌舞团《江山多娇》相继在卡成功演出，受到热烈欢迎，引起了巨大反响。连续几年举办的“欢乐春节”已成为两国友谊的使者及响亮的文化品牌。

两国媒体人士也有频繁的交流和互访，新华社、中国国际广播电台和中央电视台在卡塔尔设有记者站，2016 年新华社与半岛电视新闻网在多哈共同举办了第三届世界媒体峰会。

2016 年，中卡两国共同举办文化年，不仅为两国的文化交流与合作搭建了新的桥梁，也为两国关系的全面发展注入了新的活力。这是中卡建交以来两国文化交往的一个重要里程碑。

2014 年 11 月，卡塔尔埃米尔塔米姆访华期间与中国国家主席习近平达成共识，双方决定共同举办 2016 中卡文化年，全力推动中卡两国文化交流。文化年期间，双方举办包括演出、展览、影视、摄影、图书、体育、思想学术等领域的活动共计 27 场，其中中方举办 17 场，卡方举办 10 场。

2016 中卡文化年标识设计理念源于中国传统印章，中文繁角篆体书写的“中国”与阿拉伯文库法体书写的“卡塔尔”上下连接，以卡塔尔国旗色为主色调，以此将卡塔尔的元素植入中国传统文化的内涵中，蕴含了对中卡文化年及中卡友谊的美好祝愿。

2016 年 1 月 24 日晚，中卡文化年开幕式在多哈卡塔拉文化村举行。中国文化部部长雒树刚和卡塔尔文化、艺术与遗产大臣库瓦里共同出席了开幕式。此后，双方计划举办的活动陆续展开，中方举办的活动包括由艺术家蔡国强策划的“艺术怎么样？来自中国的当代艺术”展览、“丝路之绸——中国丝绸艺术展"、"华夏瑰宝展"、"中国节"，以及联合制作电影《一路狂飙》等。卡方举办的活动则包括卡塔尔珍珠展、卡塔尔文化周、卡塔尔当代艺术展、卡塔尔爱乐乐团的演出等。在这些活动中，"华夏瑰宝展"、"中国节"、卡塔尔珍珠展、卡塔尔爱乐乐团的演出都是2016中卡文化年的重头戏。

"华夏瑰宝展" 2016年9月6日，由中国国家文物局和卡塔尔博物馆局联手主办、中国文物交流中心和卡塔尔伊斯兰艺术博物馆承办的"华夏瑰宝展"在卡塔尔开幕。从9月7日开始，展览面向公众开放，一直持续到2017年1月结束。这是中卡两国建交以来中国在卡塔尔举办的规模最大、展品价值最高的一次展览。

为了展现真正的华夏瑰宝，中方从故宫博物院、秦始皇帝陵博物院、西安博物院、半坡博物馆、汉阳陵博物馆等五家单位选取了85组116件精美文物，件件堪称无价之宝，其中秦始皇兵马俑是首次在海湾国家展出。展览分"文明伊始·礼乐邦国""雄浑一统·丝路盛唐""翰洋雅器·宫廷华韵"三个单元，展出了包括陶器、青铜器、玉器、瓷器、珐琅器在内的精美文物，跨越了从史前文化到明清时期的漫长历史岁月，以生动形象的方式向卡塔尔人民展现了华夏文明的博大精深和薪火传承，受到了卡塔尔观众的热烈欢迎。展品中还特别选取了一些见证丝绸之路的珍宝，让当地参观者近距离观赏凝结在文物之上的中阿文明交汇。

"中国节" 2016年11月2日至5日，由中国文化部、卡塔尔博物馆局联合主办、浙江省文化厅承办的"中国节"活动，在卡塔尔首都多哈成功举办。这次展览的布展工作全部由卡方主动承担。他们围绕"红色""龙""熊猫""桃花林"等中国元素，将伊斯兰艺术博物馆公园变成了一个充满中国风的嘉年华。

此次"中国节"活动是中国首次在西亚地区举办大型户外主题节庆活动。活动内容主要包括文艺表演和民间工艺展演两大部分，共30场，涉及演出、展览、影视、摄影、图书、思想学术等领域。文艺表演由湖州长兴百叶龙、温州市鹿城区艺术总团、丽水市浙西南畲族歌舞团3支队伍组成，演出内容包括百叶龙、舞蹈、民乐、变脸、太极武术、曲艺等。民间工艺展包括6个国家级非遗项目、1个省级非遗项目、1个市级非遗项目，有浦江剪纸、海宁皮影戏、温州米塑、海宁硖石灯彩、龙泉青瓷、刘氏风筝、嘉兴农民画等，现场还进行了太极、武术、书法、茶道的展示与教学活动，吸引了众多当地民众前来观看体验，近距离接触中国文化。

据卡塔尔博物馆局粗略统计，超过5万的当地观众参加了“中国节”的现场活动，其中约4.5万人参加了在伊斯兰艺术博物馆公园举办的展览和演出活动。另据中国文化部官员透露，卡塔尔埃米尔塔米姆自己驾车带着孩子也悄悄地参观了“中国节”活动，活动的影响力可见一斑。

卡塔尔珍珠展 2016年9月27日，名为“珍珠：来自江河海洋的珍宝”的卡塔尔珍珠展在中国国家博物馆开幕。这次展览持续到2017年1月结束，是中国国家博物馆首次推出的以西亚地区历史文化和传统艺术为主题的国际交流展，具有重要的开创性意义。

珍珠文化是海湾地区文化遗产最具特色的组成部分。这次展览共分六个部分，依次分述珍珠的自然历史、海湾地区的珍珠、历史中的珍珠、天然淡水珍珠、养殖珍珠的开拓者、中国方式的养殖珍珠等内容，展出了卡塔尔博物馆提供的130件精美绝伦的珍贵藏品。

卡塔尔爱乐乐团的演出 2016年10月，卡塔尔爱乐乐团访华，为上海、苏州、广州等地观众奏响了具有阿拉伯特色的交响乐曲。11月中旬，卡塔尔爱乐乐团又与苏州芭蕾舞团携手为卡塔尔观众上演了四场精彩的芭蕾舞剧《胡桃夹子》。卡塔尔国家会议中心大剧场座无虚席，演出场场爆满，门票总收入达百万人民币，创下剧场启用以来最高票房纪录。

卡塔尔爱乐乐团是目前阿拉伯世界最优秀的交响乐团之一，由卡塔尔王室于2007年从世界十大城市遴选的100多名专业团员组成，并由洛林·马泽尔担当首任指挥，于2008年10月30日举行了盛大的开幕音乐会。该团以“播撒阿拉伯交响音乐火种，筑阿拉伯交响音乐平台”为宗旨，每年推出约40场以阿拉伯题材为主的交响音乐会，频频亮相于英国皇家阿尔伯特音乐厅、华盛顿（美国）肯尼迪中心、米兰斯卡拉歌剧院、巴黎香榭丽舍剧院、大马士革叙利亚歌剧院、卡塔尔大剧院等著名音乐殿堂，此外在维也纳音乐厅和联合国大厦都举行过盛大演出，是阿拉伯乐团演绎阿拉伯题材经典交响乐的杰出代表。

第八节 卡塔尔与“一带一路”

位于阿拉伯半岛的卡塔尔，曾是古代“海上丝绸之路”的重要交通枢纽。2013 年习近平主席首次提出“一带一路”倡议之后，卡塔尔就采取各种各样的方式积极响应。

一 卡塔尔积极响应“一带一路”倡议

2014 年 10 月 25 日，由中国牵头的亚洲基础设施投资银行（简称“亚投行”）正式成立，卡塔尔与其他 20 个国家一起成为亚投行的创始成员国。这是卡塔尔在响应“一带一路”倡议方面所表达的一个积极的信号。

同年 11 月，卡塔尔埃米尔塔米姆应习近平主席邀请对中国进行国事访问。访问期间，卡塔尔与中国签署了共建“一带一路”合作谅解备忘录，成为首批响应“一带一路”倡议的国家之一，同时也是推进“一带一路”建设的重点国家。

习近平主席在和卡塔尔埃米尔会谈时强调，中方欢迎卡方参与“丝绸之路经济带”和“21 世纪海上丝绸之路”建设，愿意同卡方建立上下游一体、长期稳定的能源伙伴关系，同时扩大基础设施建设、通信、金融等领域的合作，促进相互投资，并研究在第三国开展联合投资。

埃米尔则表示，卡塔尔是中国和中东、非洲地区之间的贸易中心和枢纽，期待进一步扩大及加深与中国的合作伙伴关系。习近平主席提出的建设“一带一路”倡议，为两国能源、基础设施建设等领域的合作提供了重要机遇。卡方将扩大对华天然气出口，并作为创始成员国积极参与亚洲基础设施投资银行的筹建工作，欢迎中国企业投资卡方在建大型项目。

卡方表示，从 2015 年开始的未来 5 年内，卡塔尔投资局将向中国投资150亿~200亿美元，涉及医疗、基础设施、房地产、消费、服务、科技、媒体和通信等领域。

2015年，赴华出席博鳌亚洲论坛年会的卡塔尔副首相兼内阁事务国务大臣阿勒马哈茂德表示，卡塔尔重视能源领域的互联互通建设，将修建更多的石油天然气运输网络，向亚洲各国输送清洁能源，以实际行动呼应“一带一路”上的互联互通建设。

2015~2017年，为了推动“一带一路”倡议的具体实施，卡塔尔连续三年举办“中国制造展”，为中国企业走进卡塔尔提供了一个高效的合作平台。

2017年，卡塔尔交通通信大臣贾西姆·苏莱提率代表团参加了在北京举行的“‘一带一路’国际合作高峰论坛”相关会议活动。代表团在京期间，中国交通运输部部长李小鹏会见了贾西姆，双方就进一步加强两国交通领域合作，促进相关领域的投资交换了意见。

2018年，卡塔尔参加在上海举办的首届中国国际进口博览会并举办“卡塔尔—中国经济论坛”。卡塔尔驻华大使苏尔坦·曼苏里表示，首届中国国际进口博览会是中国经济发展新模式的重要标志，体现出中国拥抱世界，捍卫贸易自由化，支持经济全球化。卡塔尔认为“一带一路”倡议蕴含着共同繁荣的历史机遇，卡是首批和中国签署“一带一路”合作谅解备忘录的国家之一，卡参加首届中国国际进口博览会是对这个倡议和开放市场环境的支持。中国国际进口博览会是落实“一带一路”倡议的重要机制之一。

2019年，在习近平主席和卡塔尔埃米尔塔米姆的共同见证下，国家发改委主任何立峰与卡塔尔副首相兼外交大臣穆罕默德·本·阿卜杜拉赫曼·阿勒萨尼签署了《中华人民共和国国家发展和改革委员会与卡塔尔国外交部关于共同编制中卡共建“一带一路”倡议实施方案的谅解备忘录》，旨在进一步对接发展战略，为中卡共建“一带一路”确定路线图和行动指南。双方将深入挖掘“一带一路”倡议与卡塔尔《2030年国家愿景规划》的契合点，遵循共商共建共享原则，统筹推进能源、基础设施建设、高新技术、投资四大领域合作，进一步密切旅游、文化、体育、媒体合作，积极拓展在沿线国家的第三方合作，形成共建“一带一路”框架下全方位合作新格局。

二 “一带一路”框架下的中卡合作

从人口和国土面积来说，卡塔尔虽然是个小国，但其经济多元化战略与“一带一路”建设相容度高。自2000年以来，卡塔尔政府开始实施经济多元化战略，一改过去国民经济单纯依靠石油和天然气驱动的局面，制造业、建筑业、金融业，甚至旅游业、知识经济产业等异军突起，成为推动其经济增长的重要动力。

卡塔尔已成功获得2019年田径世锦赛和2022年世界杯的举办权，因此，需要进行大规模的基础设施建设和筹备工作，如新建城市地铁、轻轨、机场、港口、道路、体育场及其相关设施等，这些都为中卡两国在“一带一路”建设方面的合作提供了重要机遇。

1. 能源领域的合作

卡塔尔是我国最大的液化天然气进口国。2013年，我国从卡塔尔进口的液化天然气月均达到56.39万吨。

2008年，中国石油天然气集团有限公司与卡塔尔液化天然气公司、壳牌集团签署了长达25年的协议，卡塔尔每年向我国供应液化天然气300万吨。

2008年，中国海洋石油集团有限公司（中国海油）与卡塔尔液化天然气公司也签署了液化天然气购买框架协议。根据协议，中国海油每年从卡塔尔液化天然气公司购买液化天然气200万吨，用于中国海油的液化天然气站线项目。

2. 基础设施建设领域的合作

在卡塔尔的中资企业大多集中在基础设施建设、建筑和能源等领域，既有中国水电集团（中水电）、中国建筑集团有限公司（中国建筑）、中国港湾工程有限责任公司（中国港湾）、中国海油、中国工商银行、中国银行和中冶集团等国家级大型国有公司，也有三一集团有限公司、华为技术有限公司、中兴通讯股份有限公司、沈阳远大企业集团、北京江河幕墙

股份有限公司等大型民营企业。此外，还有不少中小型公司和个体公司。其中，中水电的项目最多，在卡塔尔有多哈新机场项目、鲁塞尔新城场地准备项目、鲁塞尔新城基础设施第一标段、卡塔尔 182 三地供水项目、卢赛尔 CPI 项目等。

中国港湾承建了卡塔尔多哈新港（后改名为“哈马德港”）的一期项目。哈马德港是卡塔尔乃至中东地区最大的海港之一，2017 年初开通了至中国上海和广州的航线。

2018 年 1 月，中国港湾承建的卡塔尔战略供水工程 2 号供水管线项目顺利完工，在参建的 8 家承包商中第一个实现全线完工，卡塔尔首相兼内政大臣阿卜杜拉对此进行了高度肯定。他鼓励其他承包商向中国港湾看齐，按照计划早日完成这一关乎卡塔尔国计民生的世纪工程。

在所有项目中，最有名气的属中国铁建股份有限公司（中国铁建）承建的 2022 年卡塔尔世界杯主体育场——鲁塞尔体育场。届时，世界杯的开幕式、决赛和闭幕式都将在这个体育场举行。中国铁建 - 卡塔尔 HBK 联合体与卡塔尔世界杯主办委员会签署了关于建设鲁塞尔体育场项目的合同，这是中国企业首次承建世界杯主体育场项目。该项目的合同金额约 7.67 亿美元，中国铁建占比 45%。这是中国公司首次击败长期垄断该领域的西方企业，成功以主承包商身份承建世界杯主体育场。

3. 旅游领域的合作

2017 年 9 月 13 日，卡塔尔旅游总局（2018 年 11 月改名为卡塔尔国家旅游委员会）在北京、上海及广州设立中国代表处。这意味着卡塔尔也正式跻身中国政府批准的旅游目的地国家（ADS），既允许接待来自中国的游客，也可在中国境内进行旅游目的地推广活动。

卡塔尔国家旅游委员会在中国的办事处是其在亚洲的第三个办事处，也是其在全球的第九个办事处（英国和爱尔兰的办事处合在一起）。在此之前，卡塔尔旅游总局已经开设了覆盖英国、爱尔兰、法国、德国、奥地利、瑞士、意大利、土耳其、美国等国以及中东和东南亚地区的国际网络。

卡塔尔官方旅游网站现已推出中文版，对卡塔尔感兴趣的中国游客可以轻松从官网获取有关目的地的旅游资讯、酒店住宿和主要旅游活动的信息。此外，官方旅游网站 VisitQatar 也在中国的社交媒体平台亮相。

随着中卡旅游合作的加强，卡塔尔民众对中国的兴趣也日益增强。

2017 年 7 月 9 日，39 岁的卡塔尔网络工程师哈立德·贾比尔骑摩托车从伦敦抵达北京。哈立德从伦敦出发，用了三个月时间，骑摩托车穿越了丝绸之路。这次行程全长 2.1 万公里，穿越法国、德国、斯洛文尼亚、克罗地亚、黑山、波黑、阿尔巴尼亚、希腊、土耳其、格鲁吉亚、亚美尼亚、阿塞拜疆、土库曼斯坦、乌兹别克斯坦、塔吉克斯坦、吉尔吉斯斯坦，到达中国。当哈立德抵达北京时，他激动地表示："经过了三个月的旅途，我很享受这个特殊的激动人心的时刻。"同时，他也深情赞叹了古丝绸之路，形容这是世界上最古老、最悠长、最艰辛的贸易通道。"古代的阿拉伯商人需要骑骆驼，而我骑着摩托车仅用了三个月就走过了丝绸之路上的著名城市撒马尔罕、伊斯坦布尔、阿什哈巴德等。还有西安，西安是一切开始的地方，是丝绸之路上最美的色彩。"

2018 年，卡塔尔驻华大使苏尔坦·曼苏里应邀旁听了李克强总理的政府工作报告，对报告继续将"一带一路"建设作为中国政府的重点工作之一感到高兴。他认为，中国发起的"一带一路"倡议不仅为沿线国家带来了共赢的机遇，它所倡导的和平发展理念也为局势动荡的中东地区化解危机提供了可资借鉴的"中国方案"，开启了实现梦想的"和平之门"。他说："每个人都有梦想，每个人都为梦想去奋斗，但我个人认为，我们阿拉伯人现在共同的梦想是稳定，有了稳定，才能有发展和繁荣。'一带一路'倡议应运而生，倡导各方通力合作，实现和平，成为处理国际关系的新思路、新方案，我们的'阿拉伯梦'与'中国梦'是相通的，我们愿与中国一道为了梦想去努力，争取早日实现稳定、和平与发展。"合作共赢，和平发展，这也正是"一带一路"倡议的核心内涵所在。

大事纪年

1851 年　穆罕默德·本·萨尼成为卡塔尔统治者，统一了卡塔尔各部落。

1893 年　第一所女子《古兰经》学校成立。

1916 年　与英国签订《永久和平条约》，卡塔尔沦为英国的“保护国”。

1939 年　在杜汉地区发现石油。

1946 年　第一家医院——多哈医院建立。

1949 年　开始出口第一桶石油。

1952 年　第一所男子小学建立。

1961 年　加入“石油输出国组织（OPEC）。

1963 年　颁布卡塔尔历史上第一部完整的关于社会保障的法律。

1970 年　通过《临时宪法》，组成第一届临时政府。

1971 年 9 月 3 日　卡塔尔宣布独立，艾哈迈德任埃米尔。

1971 年　发现北方气田。

1973 年　卡塔尔教育学院成立。

1974 年　实施石油国有化政策。

1977 年　建立第一所大学——卡塔尔大学。

1980 年　人均国民生产总值高达 28950 美元，居世界第一位。

1992 年 6 月　与美国签订联合防御协定，标志着两国军事合作

	的开始。
1992 年	与沙特在霍夫斯地区因边界纠纷爆发武装冲突，两国关系开始恶化。
1994 年	成为关贸总协定第 121 个成员国。
1995 年	卡塔尔基金会成立，提出通过教育推动社会变革的想法；加入世界贸易组织；取消对新闻出版物的检查制度，实行新闻自由。
1995 年 6 月 26 日	哈利法儿子哈马德·本·哈利法·阿勒萨尼发动不流血宫廷政变，成为第七任埃米尔。
1996 年	半岛台开播；开始兴建多哈教育城；以色列驻多哈贸易代表处设立；开始建造乌代德军事基地；加入《联合国气候变化框架公约》；批准 1992 年签订的《生物多样性公约》。
1997 年	允许妇女驾车；成立“援助苏丹委员会”，开始积极参与调解地区冲突；开始出口天然气；卡塔尔航空公司成立。
1999 年	给予妇女参加市政选举权利；组建《永久宪法筹备委员会》；成立最高司法委员会。
2000 年	设立环境和自然保护区最高委员会，王储亲自担任最高委员会主席。
2001 年	成功举办世界贸易组织第四次部长级会议，由此启动多哈回合贸易谈判；聘请兰德公司对国内整个教育体系进行诊断。
2003 年	任命第一位女教育大臣；立塔米姆·本·哈马德·本·哈利法·阿勒萨尼为王储；全民公决，以 96.6% 的赞成票通过了《国家永久宪法草案》；布什总统到访卡塔尔，成为第一位访问卡塔尔的美国总统。同年，美军将军事基地迁到卡塔尔。
2004 年	发生“特工事件”，卡俄关系一度变得紧张。

2005 年	颁布《卡塔尔国永久宪法》。
2006 年	举办第 15 届亚运会；投票反对安理会第 1696 号决议，成为安理会 15 个成员国中唯一一个投反对票的成员；出口液化天然气 2500 万吨，成为世界第一大液化天然气出口国。
2007 年	邀请伊朗当选总统马哈茂德·艾哈迈迪·内贾德作为嘉宾出席在多哈举行的第二十八届海湾首脑会议，标志着卡伊两国之间的合作达到顶峰 。
2008 年	推出《2030 年国家愿景规划》；黎巴嫩冲突各方在卡塔尔签署《多哈协议》并实现和解。
2009 年	建立第一个自由贸易区。
2010 年 3 月	与伊朗签署《防务与安全合作协议》。
2010 年 12 月 2 日	获得世界杯举办权。
2011 年	设立“全民健身日”；苏丹政府与达尔富尔反政府武装“解放与正义运动”在多哈签署和平协议。
2012 年	法塔赫和哈马斯也在多哈签署了象征重启和谈的《多哈宣言》；埃米尔哈马德对加沙地带进行访问，成为自 2007 年哈马斯控制加沙以来首位来访的外国元首。
2013 年 6 月 25 日	哈马德宣布退位，王储塔米姆·本·哈马德·阿勒萨尼继位，成为卡塔尔第八任埃米尔。
2013 年	启动卡塔尔基因组计划。
2014 年 3 月	沙特、阿联酋、巴林等海湾国家同时撤回驻卡大使。
2014 年 7 月	美国与卡塔尔签署 110 亿美元军贸合同。
2014 年 11 月	塔米姆访华，中卡发表建立战略伙伴关系的联合声明。
2015 年 4 月	中东地区首个人民币清算中心在多哈正式开业。

2016 年	免费医疗制度开始覆盖在卡塔尔居住或到访的全体外国公民；成功举办中卡文化年。
2017 年 6 月 5 日	巴林、沙特阿拉伯、阿联酋、埃及、也门、利比亚六国及南亚的马尔代夫、非洲的毛里求斯、乍得宣布与卡塔尔断交。
2017 年 6 月 26 日	沙特、阿联酋、巴林、埃及向卡塔尔提出一份包括 13 项要求的“复交”清单。
2017 年	对 80 个国家和地区实行免签政策。
2017 年	中国和卡塔尔开通上海、广州至哈马德港的新航线。
2017 年 12 月 13 日	中国银行卡塔尔金融中心分行正式开业。
2018 年	中卡建交 30 周年，两国启动政府间战略对话机制，并召开首次会议。
2018 年	中国成为卡塔尔第三大贸易伙伴。
2018 年 1 月	美国与卡塔尔在华盛顿举行首轮战略对话。
2018 年 3 月	卡塔尔发布“2018～2022 年国家发展计划”。
2018 年 4 月	卡塔尔国家图书馆正式对外开放。
2018 年 9 月	卡塔尔天然气与中国石油达成 22 年液化天然气销售和购买协议。
2018 年 12 月 21 日起	中卡互免签证协议正式生效。
2019 年 1 月	退出石油输出国组织；埃米尔塔米姆再次访华。
2019 年 2 月	首次夺得亚洲杯冠军。
2019 年 3 月	新的卡塔尔国家博物馆开馆。

参考文献

（一）著作

菲利浦·希提（Philip K. Hitti）：《阿拉伯通史》，马坚译，新世界出版社，2008。

李光斌：《淡水贵如油》，世界知识出版社，1980。

李光斌：《卡塔尔国》，《万国博览·亚洲卷》，新华出版社，1983。

马哈茂德·白海则·西奈：《卡塔尔国通史》，北京第二外国语学院亚非语系阿拉伯语教研室译，人民出版社，1974。

张志前、蒋学伟、沈军编著《一带一路——架起中国梦和世界梦的桥梁》，新星出版社，2015。

（二）论文

安井诚一：《卡塔尔的石油天然气情况》，张光平译，《国际石油经济》1982 年第 4 期。

丁隆、赵元昊：《卡塔尔的外交政策及其实践》，《阿拉伯世界研究》2010 年第 1 期。

郭勇：《卡塔尔新世纪教育改革的主要措施及启示》，《当代教育科学》2011 年第 5 期。

郭勇：《卡塔尔新世纪基础教育政策过程分析》，《长春教育学院学报》2013 年第 14 期。

韩强：《教派与国家利益双重视角下卡塔尔断交事件分析》，《西部学刊》2018 年第 9 期。

胡雨：《阿拉伯剧变后的卡塔尔外交政策》，《阿拉伯世界研究》2015 年第 5 期。

姜乃强：《石油王国用教育创新引领世界》，《教育家》2016 年第 5 期。

姜英梅：《卡塔尔经济发展战略与“一带一路”建设》，《阿拉伯世界研究》2016 年第 6 期。

李光斌：《别具风貌的卡塔尔》，《世界知识》1979 年第 22 期。

刘中民、张卫婷：《卡塔尔：小国玩转大世界》，《世界知识》2012 年第 9 期。

邵红峦：《“断交制裁”背后的卡沙关系新探——地缘宗教视角》，徐以骅编《宗教与美国社会》（第 17 辑），时事出版社，2018。

田文林：《卡塔尔埃米尔塔米姆》，《国际研究参考》2015 年第 4 期。

吴彦、陈世乔：《哈马德时代卡塔尔外交政策的演进——以卡塔尔应对利比亚内战的政策为视角》，《国际论坛》2015 年第 5 期。

杨林：《小国大梦——卡塔尔软实力研究》，硕士学位论文，西北大学，2016。

杨林、李仁龙：《“一带一路”——卡塔尔文化特性及开展人文交流可行性研究》，《阿拉伯研究论丛》2017 年第 2 期。

殷实：《卡塔尔的软实力建设研究》，硕士学位论文，兰州大学，2016。

喻飞：《论阿拉伯剧变以来卡塔尔对相关国家的政策》，硕士学位论文，北京外国语大学，2016。

张卫婷：《卡塔尔国际战略探析》，《阿拉伯世界研究》2013 年第 1 期。

仲冬：《发展中的卡塔尔教育事业》，《阿拉伯世界研究》1984 年第 2 期。

（三）网站

半岛电视新闻网：http：//www. aljazeera. net。

卡塔尔博物馆局网站：https：//www. qm. org. qa/ar。

卡塔尔发展规划与统计部网站：http：//www. mdps. gov. qa。

卡塔尔交通通信部网站：http：//www. motc. gov. qa/ar。

卡塔尔教育与高等教育部网站：http：//www. edu. gov. qa/Ar/Pages/Home. aspx。

卡塔尔旅游总局网站：https：//www. visitqatar. qa。

卡塔尔商会网站：https：//qatarchamber. com/？ lang = ar。

卡塔尔市政环境部网站：http：//www. mme. gov. qa。

卡塔尔外交部网站：http：//www. mofa. gov. qa。

中华人民共和国文化旅游部官网：https：//www. mct. gov. cn/。

中华人民共和国驻卡塔尔使馆经济商务参赞处网站：http：//qa. mofcom. gov. cn/。

中华人民共和国驻卡塔尔使馆网站：http：//qa. china-embassy. org。

索　　引

后记

我和同事梁燕玲女士受社会科学文献出版社委托，有幸获得编著此书之殊荣，心中感到既兴奋，又难免有些忐忑。《卡塔尔》一书是“十三五”国家重点图书出版规划项目新版《列国志》之一，也是中国社会科学院哲学社会科学创新工程学术出版资助项目之一。中国社会科学院社会科学文献出版社组织编撰新版《列国志》是为了更好地帮助公众了解世界、认识世界，以便胸有成竹地“走出去，请进来”，因此，我们深感肩上责任之重大，不敢有丝毫懈怠。

接到任务后，我和梁燕玲女士多次协商讨论，就如何收集和筛选资料，如何确定书稿内容广泛交换了意见。卡塔尔于 1971 年宣布独立，1988 年与我国建交，独立时间和与我国建交的时间都不算长。国内外的专家学者及媒体通常聚焦于大国的研究和报道，对面积小、人口少的小国的研究和报道比较匮乏，可以享有的学术资源相对有限。即便能找到一些资料，有的信息也比较滞后，针对同一个问题不同网站发布的数据也是不尽相同。如提及卡塔尔世界杯场馆，一些网站提到有 10 个，后来卡塔尔驻华使馆收到的世界杯场馆模型是 8 个，卡塔尔外交部网站上公布的资料也是 8 个。所以，编写本书最大的困难在于资料的查找和核实。国内外公开发行的资料主要集中于 20 世纪 90 年代后卡塔尔的经济发展及外交策略，对于其独立前情况的介绍并不多。比如关于卡塔尔历史，卡塔尔政府部门的网站及公开发行的宣传资料介绍的都非常简明扼要，鲜有提及重大历史事件及其发生背景。又如，关于卡塔尔传统工农业生产和传统的教育方式等，基本上没有现成的资料可以参考，阅读大量的材料后也只能找到

不多的线索，进行归纳整理后呈现在书上的也许只有寥寥数语。

但是，互联网技术的发展还是为我们收集信息提供了很大方便。卡塔尔早就开始实行电子政务，政府部门和新闻媒体都建有电子门户网站，通过这些网站可以查到不少权威信息和最新数据。本书作者浏览和参考了卡塔尔外交部、卡塔尔发展规划与统计部、卡塔尔市政环境部、卡塔尔教育与高等教育部、卡塔尔博物馆局、半岛电视新闻网等网站发布的资料，参考了中国商务部编写的《对外投资合作国别（地区）指南・卡塔尔国》（2016 版和 2018 版）。同时，卡塔尔航空公司驻京办、卡塔尔旅游局驻京办等机构都向我们提供了相关资料。

本书编写历时近 1 年半，从 2017 年下半年开始广泛搜集资料，到 2019 年初完成比较成熟的初稿，中间几经波折。其间，我因健康状况欠佳数次住院，梁燕玲女士因忙于工作，只能利用休息时间收集资料，编写书稿。在这样的情况下，如何在短时间内从有限的资料中甄选出有价值并可信赖的信息，给大家呈现一个比较完整、符合实际的卡塔尔概况，是摆在我们面前的一个难题，也是我们一直竭尽全力追求的目标。比如，关于卡塔尔国旗的颜色，大部分的中文资料称卡塔尔国旗为深褐色和白色。卡塔尔外交部网站上的阿拉伯语介绍为اللون الأحمر الداكن - العنابي，意思为颜色较深的枣红色和白色。我们将卡塔尔政府官网上发布的国旗图片和挂在使馆的国旗颜色进行了仔细对比，又在网上查阅了深褐色图片和深枣红色图片，发现深褐色颜色偏黄，而卡塔尔国旗颜色偏红。经过反复讨论和比较，最后一致认为用“深枣红色”来描述更为贴切些。卡塔尔旅游局驻京办把卡塔尔国旗颜色描述为“勃艮第色”，笔者认为这也是一种不错的选择，比深褐色更为接近国旗的实际颜色。

由于笔者才疏学浅，再加上时间和精力都有限，无论我们多认真对待，书中肯定还会有不少欠缺和错误的地方，恳请大家批评指正，我们将不胜感激。

最后，要特别感谢卡塔尔旅游局驻京办杨小蕊女士的倾情帮助，不但向我们提供了有关卡塔尔的最新旅游资讯，而且还不厌其烦地帮我们核实相关信息。感谢 2019 年中国北京世界园艺博览会卡塔尔政府副总代表法伊格・阿什卡纳尼博士帮助核实卡塔尔市政区划及传统文化的相关信息。感谢中国银行卡塔尔金融中心分行的王善枢先生提供的关于卡塔尔日常生活及金融方面的资料。感谢北京城建集团李宝恒副总经理提供的精美图片。同时，也要感谢家人及同事在本书编写过程中提供的支持和帮助。

李光斌　梁燕玲

2019 年 3 月

新版《列国志》总书目

亚洲

阿富汗
阿拉伯联合酋长国
阿曼
阿塞拜疆
巴基斯坦
巴勒斯坦
巴林
不丹
朝鲜
东帝汶
菲律宾
格鲁吉亚
哈萨克斯坦
韩国
吉尔吉斯斯坦
柬埔寨
卡塔尔
科威特
老挝
黎巴嫩
马尔代夫
马来西亚
蒙古国
孟加拉国
缅甸
尼泊尔
日本
沙特阿拉伯
斯里兰卡
塔吉克斯坦
泰国
土耳其
土库曼斯坦
文莱
乌兹别克斯坦
新加坡
叙利亚
亚美尼亚
也门
伊拉克
伊朗
以色列
印度
印度尼西亚
约旦
越南

非洲

阿尔及利亚
埃及
埃塞俄比亚
安哥拉
贝宁
博茨瓦纳
布基纳法索
布隆迪
赤道几内亚
多哥
厄立特里亚
佛得角
冈比亚
刚果共和国
刚果民主共和国
吉布提
几内亚
几内亚比绍
加纳
加蓬
津巴布韦
喀麦隆
科摩罗
科特迪瓦
肯尼亚
莱索托
利比里亚
利比亚
卢旺达
马达加斯加
马拉维
马里
毛里求斯
毛里塔尼亚
摩洛哥
莫桑比克
纳米比亚
南非
南苏丹
尼日尔
尼日利亚
塞拉利昂
塞内加尔
塞舌尔
圣多美和普林西比
斯威士兰
苏丹
索马里
坦桑尼亚
突尼斯
乌干达
赞比亚
乍得
中非

欧洲

阿尔巴尼亚
爱尔兰
爱沙尼亚
安道尔

奥地利
白俄罗斯
保加利亚
北马其顿
比利时
冰岛
波斯尼亚和黑塞哥维那
波兰
丹麦
德国
俄罗斯
法国
梵蒂冈
芬兰
荷兰
黑山
捷克
克罗地亚
拉脱维亚
立陶宛
列支敦士登
卢森堡
罗马尼亚
马耳他
摩尔多瓦
摩纳哥
挪威
葡萄牙
瑞典
瑞士
塞尔维亚
塞浦路斯
圣马力诺
斯洛伐克
斯洛文尼亚
乌克兰
西班牙
希腊
匈牙利
意大利
英国

美洲

阿根廷
安提瓜和巴布达
巴巴多斯
巴哈马
巴拉圭
巴拿马
巴西
玻利维亚
伯利兹
多米尼加
多米尼克
厄瓜多尔
哥伦比亚
哥斯达黎加
格林纳达
古巴
圭亚那
海地
洪都拉斯
加拿大
美国
秘鲁
墨西哥

尼加拉瓜
萨尔瓦多
圣基茨和尼维斯
圣卢西亚
圣文森特和格林纳丁斯
苏里南
特立尼达和多巴哥
危地马拉
委内瑞拉
乌拉圭
牙买加
智利

大洋洲

澳大利亚
巴布亚新几内亚
斐济
基里巴斯
库克群岛
马绍尔群岛
密克罗尼西亚
纽埃
萨摩亚
所罗门群岛
汤加
图瓦卢
瓦努阿图
新西兰

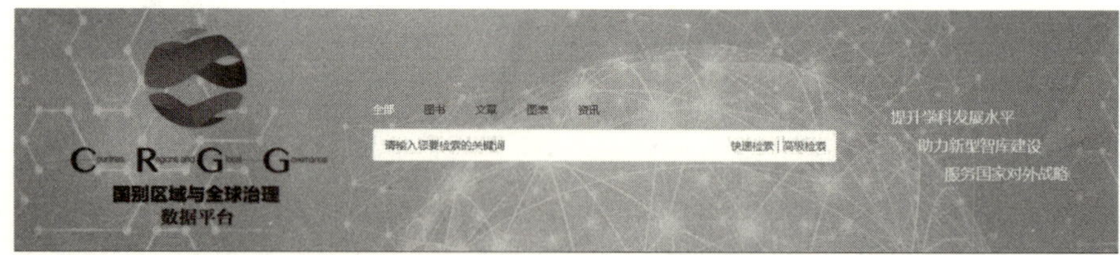

国别区域与全球治理数据平台

www.crggcn.com

“国别区域与全球治理数据平台”（Countries，Regions and Global Governance，CRGG）是社会科学文献出版社重点打造的学术型数字产品，对接国别区域这一重点新兴学科，围绕国别研究、区域研究、国际组织、全球智库等领域，全方位整合基础信息、一手资料、科研成果，文献量达30余万篇。该产品已建设成为国别区域与全球治理数据资源与研究成果整合发布平台，可提供包括资源获取、科研技术服务、成果发布与传播等在内的多层次、全方位的学术服务。

从国别区域和全球治理研究角度出发，“国别区域与全球治理数据平台”下设国别研究数据库、区域研究数据库、国际组织数据库、全球智库数据库、学术专题数据库和学术资讯数据库6大数据库。在资源类型方面，除专题图书、智库报告和学术论文外，平台还包括数据图表、档案文件和学术资讯。在文献检索方面，平台支持全文检索、高级检索，并可按照相关度和出版时间进行排序。

“国别区域与全球治理数据平台”应用广泛。针对高校及国别区域科研机构，平台可提供专业的知识服务，通过丰富的研究参考资料和学术服务推动国别区域研究的学科建设与发展，提升智库学术科研及政策建言能力；针对政府及外事机构，平台可提供资政参考，为相关国际事务决策提供理论依据与资讯支持，切实服务国家对外战略。

数据库体验卡服务指南

※100元数据库体验卡，可在“国别区域与全球治理数据平台”充值和使用

充值卡使用说明：

第1步 刮开附赠充值卡的涂层；

第2步 登录国别区域与全球治理数据平台（www.crggcn.com），注册账号；

第3步 登录并进入“会员中心”→“在线充值”→“充值卡充值”，充值成功后即可使用。

声明

最终解释权归社会科学文献出版社所有

客服QQ：671079496

客服邮箱：crgg@ssap.cn

欢迎登录社会科学文献出版社官网（www.ssap.com.cn）和国别区域与全球治理数据平台（www.crggcn.com）了解更多信息

社会科学文献出版社
SOCIAL SCIENCES ACADEMIC PRESS (CHINA)

卡号：13334224718 8

密码：

图书在版编目（CIP）数据

卡塔尔 / 李光斌，梁燕玲编著. --北京：社会科学文献出版社，2019.7（2021.5 重印）
（列国志：新版）
ISBN 978-7-5201-4985-3

Ⅰ. ①卡… Ⅱ. ①李… ②梁… Ⅲ. ①卡塔尔-概况 Ⅳ. ①K938.5

中国版本图书馆 CIP 数据核字（2019）第 110669 号

·列国志（新版）·
卡塔尔（Qatar）

编　　著 / 李光斌　梁燕玲

出 版 人 / 王利民
责任编辑 / 郭白歌

出　　版 / 社会科学文献出版社 · 国别区域分社（010）59367078
地址：北京市北三环中路甲 29 号院华龙大厦　邮编：100029
网址：www.ssap.com.cn
发　　行 / 市场营销中心（010）59367081　59367083
印　　装 / 北京玺诚印务有限公司

规　　格 / 开 本：787mm × 1092mm　1/16
印 张：14　插 页：0.75　字 数：200 千字
版　　次 / 2019 年 7 月第 1 版　2021 年 5 月第 2 次印刷
书　　号 / ISBN 978-7-5201-4985-3
定　　价 / 69.00 元

本书如有印装质量问题，请与读者服务中心（010-59367028）联系